東京・四谷ラプソディー

路地は子どもの天下

中川 滋

同時代社

東京・四谷ラプソディー——路地は子どもの天下

目次

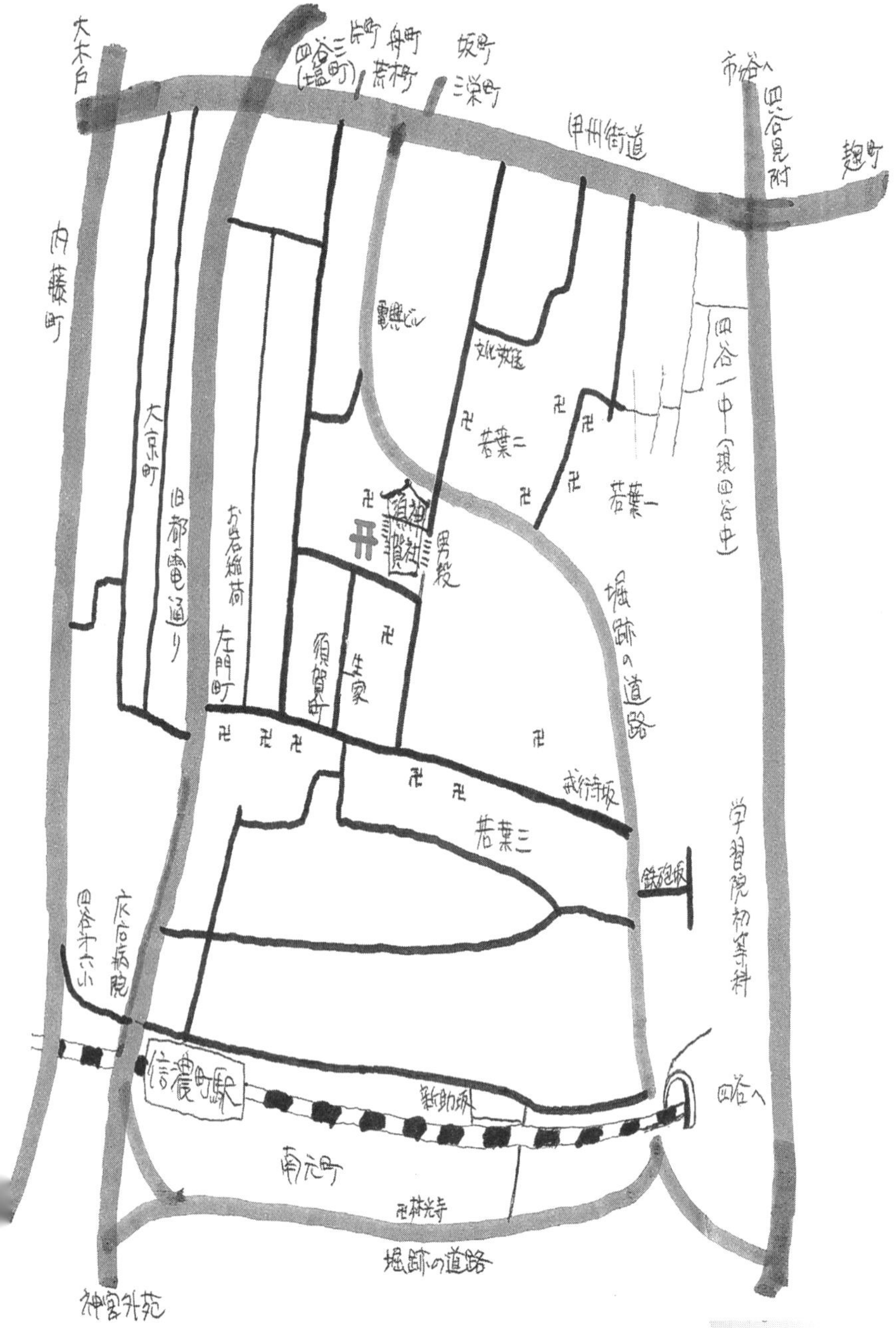

大木戸
四谷三(塩町)
片町
舟町
荒木町
坂町
三栄町
市谷へ
四谷見附
麹町
甲州街道
内藤町
電興ビル
文化放送
四谷一中(現四谷中)
若葉二
若葉一
須賀神社
大京町
旧都電通り
お岩稲荷
左門町
須賀町
生家
堀跡の道路
戒行寺坂
若葉三
鉄砲坂
学習院初等科
四谷第六小
慶応病院
信濃町駅
新助坂
四谷へ
南元町
卍林光寺
堀跡の道路
神宮外苑

プロローグ

ダッコとコッペパン

赤ん坊に色気が解るか?というと「解る」。赤ん坊は怖い顔をした大人を見ると泣いて、可愛いお姉さんが手を出すと抱かれにいく。赤ん坊の頃、「隣りばあちゃん」という、ふくよかな美人によく抱かれた。隣りばあちゃんは満州で偉い人だった「隣りじいちゃん」の奥さんで、昨日《きのう》のことを「きんの」と言い、それが証拠の美人であった。柔らかな二の腕の、何とも言えぬ抱かれ具合は忘れることがない。母親の抱かれ具合はさして記憶にないから、この心地は色気に違いない。

隣りばあちゃんは後年こちらが成人しそうな頃、「夜の雨量」と言った。これは有名な長嶋監督の「夜のナイター」にも匹敵するから、やはり隣りばあちゃんはどこか愛嬌の上に華があった人に違いない。

赤ん坊から少し経った、まだ食糧難のその頃、コッペパンの中身をかい出して靴に見たてて外を歩いた。

目撃した隣りばあちゃんの娘が驚愕した。子ども心に隣りばあちゃんに芸を見せようとしたわけでもあるまい。

第一章　両親と戦争

四谷の坂と須賀神社

四谷は山手線を東西に突っ切る中央線の真ん中に位置し、繁華な銀座と新宿の中間にある。山手線の軌道を腹の輪郭に例えれば、四谷はちょうど臍《へそ》の辺りに当たる。臍にも襞《ひだ》があるように、四谷には上の町と下の町を這うような襞がある。皇居の外堀跡の底地が半周の弧を描いて、通称、谷町といわれる若葉町から南元町へ通じる道路になっていて、その両側が盛り上がっているから、上空から見れば四谷の襞のように見えるだろう。底地の道路にめがけて、上の町から何本も坂が下っている。坂はどれも狭くて急だ。

ある時、信濃町から南元町へ下る「新助《しんすけ》坂」の名称のある細い坂を中学生が自転車で下って、ブレーキが利かずに激突して死んだことがあった。

それくらいだから、どれも直線的で、ゆったり下る優雅さに欠けている。「新助坂」を含む何本かの坂は、高架を走る中央線の車窓から見ることができる。豪雨の時は石畳の急勾配を滝のように流れて、遠目には美しいほどだ。四谷一丁目にある学習院の初等科の辺りから若葉三丁目（「若三」）に下る二本の坂は、途中で一本になって下る所から「鉄砲坂」の名がある。「若三」は特に生活環境が厳しい地域であったから、皇族の通う学習院からそこにむけて鉄砲水が流れるのは、世の仕組みに通じているようでもあった。

坂は四谷の住人の生活に密接していて、坂の上と下は、生活の水準もそのとおりに分けていた。上の町には屋敷が多く、下の町にはバラック建ての小さな家が犇《ひし》めいていた。上の町と下の町の格差は大きく、「若三」に残る「鮫ガ淵」の名称が、そのまま底辺に生活する居住地の代名詞で通用していた。

四谷見附から新宿へ向かう甲州街道の右と左を、戦前は北寺町と南寺町といっていたから、寺は当然たくさんある。坂の途中にある寺も多く、そういう寺は、坂道に面した山門からつづく参道で本殿と墓地を上下に分けて、墓地を見下ろす傾斜は山を意味するようでもあり、寺の威厳を保つことに一役買っているようでもある。町名に寺のない下の町にも寺は多く、寺以外の大きな建物は黒板塀の質屋が唯一立派な屋敷であった。

四谷の象徴の役割を担っているのは「天王様」といわれる須賀神社で、高台の須賀町にある。「寛永一一年、江戸城外堀普請のため清水谷から移し奉った」神社は、昭和二〇年五月二四日の東京大空襲にも本殿と境内の社《やしろ》が残って、戦後も、六月の祭礼、一一月の酉の市は大いに賑う。

須賀神社には、東に、社務所のある境内とほぼ同じ面積の公園が隣接している。公園から、「男段」と「女段」の二つの階段が若葉二丁目（「若二」）に通じていて、女段は公園の西側から途中の踊り場を挟んで緩やかに下り、男段は公園の東端から四八段で三〇度ほどの傾斜を下っている。「若二」から急な男段を一気に上り切れば、右手の鳥居から公園の中央の石畳を踏んでまっすぐに神殿に参詣ができる。公園の北側の小道から、石垣に沿って真下の道路を見下ろすと谷底のように深い。

男段の下から北に外堀跡の道を超えて、そのまま向かいの坂を上れば甲州街道に出る。街道の向こうには、三栄、荒木、舟、愛住、片、坂、本塩の各町があり、街道沿いの商店と三業地の荒木町を含むこの地区は、四谷の表看板ともいえる商業地域で、その向こうは、また坂を下って市ヶ谷に接している。

神社の正門・西の鳥居から先は、須賀町から左門町へ通じている。左門町は都電通りを跨《またが》り、隣の大京町からさらに大通りを越えた内藤町で新宿御苑に接する。大木戸といわれた辺りからは、いよいよ江戸を離れて街道を下って行く風情がよみがえる。

四谷の四谷たる所以は、高台と抉《えぐ》ったような底地を走る道路を結ぶ坂にあり、住人の行き来に変化をもたらす地形にある。

家作持ちの貧乏人

昭和一六年一一月二〇日、私は市ヶ谷の榊病院で生まれた。真珠湾攻撃の一八日前である。戦後間もない私の迷子札には「四谷区南寺町四番地」と書かれてあった。点在する墓地に樹木が多く、夏には蝉時雨が降った。須賀神社の鳥居から南に伸びる道路沿いの一角は、片側が勝興寺の広い墓地に隣接し、そのため戦災の類焼を免れていた。生家はその一角にあった二階家で、その家を含め、祖父の代から私道を挟んで小さな持家が四軒あった。一番奥の生家は、玄関の敲《たた》きにつづく二畳の天井に「鳴き龍」の仕掛けがある純日本家屋で、戦災はおろか関東大震災も免れていた。

土地は借地で、病身で収入のない父親は昭和一二年、結婚のため公道沿いの古家を解体して二軒の貸家を建てたが、その一軒の店子になった幼友達の夫人から建築費の一部の五〇円を借りたといい、そのためか、公道に面したその一軒の家賃の値上げはままならず、戦後もその後遺症（?）は尾を引いた。

他の三軒のうち二軒を戦後の混乱で維持できず、一軒は「財産税」のために物納を余儀なくさせられ、一番奥の生家自体も、始めたばかりの印刷業で用紙の詐欺にあって二五万円の工面がつかず売却した。居住中の家の売却は買主を探すだけでなく、貸家の一軒を自宅にするため立ち退きを要求することでもあったから、不可能を可能にすることに近い難業であった。

病身の父親に替って母親は、父親の友人が勤務する会社の総務部にその友人を訪ね、自宅の買取りを懇願した。唐突な願望にもかかわらず、ほとんど無言であったという友人から買取りの承諾を得ると、公道から二軒目の借家人夫妻に、のっぴきならない事情を説明して立ち退きを承知してもらう交渉をした。幼児の私を可愛がっていた借家人夫妻が条件付きで立ち退きを承諾すると、母親はその夫婦が中央区に所有している貸家の立ち退きの交渉にも奔走した。

そんな状況でも、共産党員の父親は残りの一軒の滞納する借家人に家賃を催促することができず、路地で借家人に出会うと自分から避けて通った。その家賃は、その家を解体して木造アパートを建てるまでの一三年間ついに支払われなかったから、家賃収入は一軒のみで家作持ちの咥《くわ》え楊枝にはほど遠いものであった。

父親とその係累

父親・中川澈《きよし》は明治四一年神田の生まれだが、生後一週間で子どものいない実母の姉の養子になり南寺町で育ったから四谷っ子である。妊娠した様子のない養祖母に突然子どもが生まれたことを近所の人が訝《いぶか》って噂するのを、越後から婆やとしてやって来た父親の従妹のお文《ぶん》さんが「冗談言っちゃぁいけないよ。この子は立派な弁護士・平出修の子どもだよ」と啖呵を切り、当時、大逆事件の被告を弁護して高名だった実父の名をあげた。余計なことを言ったお文さんは暇を命ぜられて帰郷した。

私にとっての養祖父・中川毅《たけし》は南画を趣味にした書家で、「万朝報」に勤務していた。ちょび髭を生やして支那の帽子と上着を着けた写真から、その粋人振りが推測できる。「柳外」の号をもち、大正一四年発行の『支那三百書家伝』という解説書を物している。四谷駅に近い唐雅堂という書画骨董店に出入りしていたといい、自ら習作の掛軸が数十本はあり、印鑑の類も支那柄の化粧箱に数十個はあって、刻印前の素材もある。彫れば使用可能ではあるけれども、父親にはその用がなかったのか、箱の中に鎮座したままだ。

その時から一世紀以上経った今まで傷のつかなかった素材に刻印をするのは、素材といえども「身体髪膚《しんたいはっぷ》あえて毀傷せざるは……」の教えに悖《もと》るようでもあるから、引き続き鎮座は続いている。

養祖母は新潟県西蒲原郡の平出家の長男三女の次女に生まれた。親は長女から順に「木、末、来」と単純に一の字を足して命名した。だから養祖母の名は末《すい》といい、四谷の中川家に嫁ぎ、三女来《らい》の次男を養子にした。父親の澈である。末は若くして脳梗塞を患い「ネンネンのばあさん」と言われて寝たきりになった。坊主頭で闘病する姿の写真が残っている。

一人息子である父親は渾名をチャメといわれた。小学校であばれて養祖父が呼び出されると、養祖父は、「安心しました。一人っ子ですから小さくなっているんじゃないかと心配をしておりました」と言ったという。

中学校に入ると、水泳部で遠泳のドンジリを泳いで前を行く部員のはずれかけた褌を締め直す、もしくは締め直す振りをして解いて慌てさせる特技を誇り、初泳ぎで書初めを揮毫して喝采を受けた。

高等学校ではボート部のコックスになり、メガホンを口に大声をあげ、ゴールで水に放り出されて得意になった。

そんな父親も、養祖父が他界して間もない時期に、高等学校の入学手続きのために自ら戸籍謄本をとって、「平出家より養子入籍」とあるのを見て震えが止まらず、後に義弟になった親友のいる大井町に駆け込んだという。従兄弟が実の兄弟になり、一人っ子が突然四人の兄弟姉妹の次男になったことに衝撃を受けないはずはなかった。

平出修は文人でもあったので、文学者との交友も多かった。長女・久子は上田敏、次女ぬき子は与謝野晶子、両氏の命名だった。末っ子のぬき子も上原家に養女にいっていた。

数年の後、久子の結婚式で、来賓の与謝野晶子さんが従妹であるはずの上原ぬき子に、「あら、この方が末っ子のお嬢さん！」と言ったので、このぬき子も平出家の五子・次女であることが一瞬のうちに判明して、兄弟姉妹は五人になった。

父親のチャメっ気が開き直って、実の妹に恋文を書き、映画に誘って恋人同士を装い、周りをひやひやさせたという。

養祖母が寝たきりになると、越後から呼び戻されたお文さんが一切を切り盛りした。お文さんは父親の「忠君乳母」になり、中川家の柱を自他共に許す「ばあちゃん」になって、そのまま二代つづきの乳母さんになった。

父親は大学の経済学部に進むと、台頭してきた共産主義の理論を得て学生運動の闘士になった。時計台の上から反戦のビラを撒いて、追いかけてきた警官にコートを掴まれると、どうせ他人の物だからと脱ぎ捨てて逃げた。治安維持法下で地元の四谷警察にも厄介になり、自ら、一生のレッテルを貼った。その頃蔓延しつづける結核に感染し、アカのレッテルに肺病の二文字も追加した。

二年の停学の後、すでに平出家の実子であることが明らかになっていたから、本郷の実母・来が大学当局に謝罪して卒業すると、帝大赤門前の森川町で、「プリント屋」―真面目な学生からノートを買って、印刷して不真面目な学生に売る商売―の「帝大プリント聯盟」を開業した。結核を患う痩せた熱血漢に就職先があるわけがなく、苦肉の策で「プリント屋」の仲間入りをした。

寝たきりの養母をお文さんに預けて本郷に通う。親友の妹で既に結婚を約束していた母親は、女学校を卒業して勤務する丸の内の保険会社の終業後、一人っ子の父親の希望どおり「帝大プリント聯盟」に寄り、さらに四谷の家に立ち寄ってから大井町の実家に帰るのを日課とした。借家の「帝大プリント聯盟」の二階には、酒飲みで耳学問の一言居士の職人達と、ノートを売る帝大生と、それを買う帝大生が賑やかに歓談していた。売った学生より買った学生が後に出世したと聞いたが、世の常だろう。繁盛していたが開戦と共に解散した。

母親とその係累

母親・光子は大正六年、三男二女の四子・長女として大井立会町の三宅家に生まれた。女学校に入学して最初の英語の授業で習った「was born」―英語では「生まれる」でなく「生まされる」―に衝撃を受けて、「was born」は、母親の生涯にわたる、人間として生きつづけることへの永遠の疑問になった。「人間といえども単に生物である」というその結論は、世間のしきたり・常識を鵜呑みにすることをせず、迷信の類とは決別して生きる証でもあった。その女学生時代に、一一歳年上の父親のプロポーズを「運命とはこういうものか」と自然に受けたのも、この「ウォズ・ボーン」が根拠になった唯物論的な生き方に合致したからだろう。

大井町の家には恰幅のいい三人の兄と、毎日琴の稽古に通う妹がいて、小さくない平屋もたっぷりな空間ではなかった。母親も琴の稽古を七年間続けたが、妹はさらに続けて、戦後になって東京芸大邦楽科卒業の肩書きを持つと、「芸大出だよ」と気取ってみせた。

祖父は東芝に入社以来、定年退職まで無遅刻無欠勤の日本男児で、出社時と帰宅時の「玄関でのコートと靴に関するお払い」のようなセレモニーも一日として変わらなかった。祖父の夢は画家になることで、屏風に水彩画を描き、曾祖父の肖像を木炭画で描いた。曽祖父は六尺二寸の大男で警察署長を務め、大酒呑みだったという。子どもに「畳のへりを踏んではいけない」と教えた祖父の厳格さは、無礼講だった曾祖父の反面教師に由来するらしい。

北方からのルーツに所以するのか、家系はクリスチャンで、祖父は聖名を「サーワ」、その読みから澤と本名が名付けられた。祖父の代になっても、毎日曜日に黒い服を着た神父が訪問に来て、五人の子どもも聖母マリアの額の前にかしずいて十字を切ったという。

祖父の妹にハイカラを絵に描いたような美人がいて、未だ珍しい国際結婚をしてグレゴリーという名のロシア人の妻となった。むつまじい夫婦が外に出る時は人だかりができて、巡査が交通整理をしたという。母親は大井町に数度訪ねて来たこの叔母に憧れて、軍服のグレゴリーに寄り添う西洋人形のような叔母の写真を大切にしていた。叔母の墓がハルピンにあるといって、後年ハルピンを訪ねたが、第二次世界大戦の後に共同墓地になって判別がつかなかった。

祖母・せいは、土浦で生まれ、娘時代に酔っ払いを向こうに回して啖呵を切った武勇伝をもち、読書家で、夢は先生になることであった。

祖母は昭和四九年秋に七九歳で他界した。その年の、ばあちゃん宛の年賀状に

〽初春や　誰がお先に　旅立つのやら

と書いて、数歳下のばあちゃんが「一緒にされちゃぁたまらないよ」と言って怒ったエピソードがある。

画家と先生に夢を抱いた祖父母は、報国・修身の時世に、五人の子どもに自由闊達な教育を怠らなかった。

姉、私、妹の誕生

両親は昭和一二年一一月七日、仏滅の「ロシア革命記念日」に結婚式を挙げた。主義主張の

わりには伝統的な婚礼で、母親の記録によると、鬘《かつら》をかぶって、振り袖姿の挨拶まわりには、合わない鬘の痛さで家に入るなり嘔吐したという。荒木町の「料亭成駒」の披露宴には三十数名の出席者があり、父親は「河内山宗俊」の「悪に強きは善にもと、世の喩えにも言う通り……」の、得意の台詞を胡坐《あぐら》をかいて演じた。はしゃぎ過ぎた父親は、新婚旅行の代わりに一泊した「山王ホテル」で、三八度の発熱をこらえていたという。

昭和一四年一〇月末、第一子は予定日を一ヶ月過ぎても生まれてこない。身動きのとれない妊婦の脇で、父親は喀血したあと声が出なくなっていた。医者に「喉頭結核です」と覚悟を促された母親は、二重苦、三重苦の思いで出産した。

長女は、父親が用意していた澄子と名付けられた。長女の誕生を、声の出ない父親は「自己の考えを持つに違いない男児よりも女児がいい」と大喜びをした。声が出ないのを幸い（?）に筆談を楽しんでいたというから、根っからの楽天家か、あるいは、万止むを得ず度胸が据わったのだろう。もっとも母親の方も、妊娠七ヶ月で洋服が着られなくなると、和服で大手町まで通勤したというから、楽天家に勝る女丈夫であった。

二年後に生まれた私は、胎内で成熟したのか誕生と同時に看護婦さんに小便をピューッとかけた。病身の父親は、滋養が大切だと長男に滋の一文字をつけた。待望の（?）男児にもかかわらず、父親は前述の不安からか、滋には照れ隠しに冗談を言うことはあっても、面と向かってともにものを言うことはなかった。

次女は一九年一月に生まれた。百人一首の「澪《みお》つくしても逢わんとぞおもう」から澪子と名付けられたが、澪子が歩き始めると、父親は、タンタンタンタンという足音からタン子と渾名して、以降は親戚中をそれで通している。

疎開と東京大空襲

昭和一六年、日清日露の侵略戦争を経て大東亜共栄圏を夢見る世情にあって、危惧される次の大戦がどれほど重大で危険なものか計り知れない思いを抱いた人は少なくない。東条内閣が成立した一〇月一八日、父親は帰宅するなり「今度は負けるぞ！」と言ったという。二度目の出産を一月後に控えた母親の、その日に抱いた不安を詳述することはむずかしい。

父親の結核は大喀血と小康状態を繰り返すもので、その度に母親は「まさかの時」を覚悟しなければならなかった。戦争の危険に、予測のつかない病状が常にオーバーラップしていた。

三年八ヶ月の間、戦況はあたかも戦勝に次ぐ戦勝のように、ことごとく曲げられて忠実な日本国民の許に届けられたが、その情報に反して、すべての国民が危険極まりない泥沼の中を確証のない安全を求めて彷徨《さまよ》った。

昭和一九年九月、三人の子どもが、お文さんの親戚の新潟へ疎開することになった。上野駅を発つ瞬間を、母親は次のように記している。

九月の某日に、子ども三人とお文さんが疎開することに決定した。勿論、女中さんをしていたおてるさんも共に付き添ってくれることになった。ちょうどその当日は澈の喀血が続いていて、とても動くことはできず、私は一人で上野駅まで送っていった。

お文さんは澄子の手を引き、ハツ子さん（お文さんの義妹）は滋の手を引いて、澪子は九ヶ月の体を、おてるさんの背中にくくりつけられ、横一列に並んだ形で改札の向うを歩いて行く姿は、鮮明に私の頭に残っている。

「これが一生の、最後の別れかもしれない……！」

東京大空襲の状況――

最も恐ろしい年がやってきた。

昭和二〇年、日本の「最高戦争指導者会議」は、六～七月にはアメリカが本土を攻撃し、ソ連の対日参戦もあるだろうと予測していたというのに、本土決戦の準備は「竹槍・

バケツ・火バタキ」という非常識ぶり。私たちまで動員されて、縄を引っ張ってあちこちの家を間引きのために破壊した。すごい埃でぞっとするが、空襲の延焼をくい止めるのには大いに役立った。

三月九日から一〇日にかけて、ついにB29による東京空襲が始まった。B29は三三四機という大軍で、本所・深川・浅草など下町四〇平方キロを焼失させ、死者八万四千人、罹災者一五〇万人、二三万戸の家が失われた。不気味な空襲警報と共に、この世の地獄が出現した。

「ただ今、本所・深川・浅草方面に……」という放送があって、B29が焼夷弾投下中という。大急ぎで須賀神社の境内に走って行くと、見渡す限り真っ赤な空にバラバラバラと何かが落下してパーッと火の手が上がる。本土決戦なんてとんでもない（！）。昼にラジオで「空襲警報発令！」と聞こえると間もなく、防空頭巾をかぶって階段の下に縮こまっている私の頭の上を、ザーッという嵐のような音で台風のような風が過ぎ去った。座敷の中へ畳やバケツや家財道具のようなものが飛び込んできた。二五〇キロの爆弾が、わが家の庭をへだてた一軒先の家に落ちて、一人住まいのおじいさんが即死した。

つづく四月一三、一四日の大塚・王子・池袋・淀橋地域の空襲で、父親と同様に養子に出た実妹が焼け出された。実妹は養母と一緒に逃げたのだが、大塚公園で動けなくなった養母をどうすることもできずに、満三歳の長男・康雄君を背に本郷の長兄の家を訪ねた。そこも焼け野原で、そのまま四谷の家に逃れると、すでに長兄一家も辿り着いていた。

町会副会長の父親は、徴兵検査不合格の男の残党に指名された「防空指導員」になって、地獄の中で飛び回っていた。よほど体調がよかったのだろう、実妹の持ち帰った布切れを頼りに、町会長の藤田さんと大塚公園を探しまわって養母の亡骸を四谷まで運んできた。

養母の葬式を、同じ副会長の住職の西応寺で行うことができたが、「集団で焼死した中で、一人だけの葬式を行ったことは異例で、複雑な思いが残った」と母親は記している。

藤田さんの長男・中学二年生の忠夫さんは、空襲の翌日、防火用水桶の中から助け出された。忠夫さんは火の粉の中で用水桶の縁に掴まっていた。のちに画家になった忠夫さんの絵筆を持つ両の手の甲には、一命を取りとめたときの火傷の跡が残っている。

医学者の高野六郎先生は、土を口の中に詰め、自ら窒息仮死の状態で発見されて助かった。藤田さんのごく近所であった。

東京空襲は、さらに四月一五、一六日の大森・蒲田、二四日には渋谷・荏原地域が被災し、人々は一度ならず焼け出されて彷徨った。

非常時の子ども

疎開が必至であったこと、その疎開が不幸な結果にならなかったという偶然が、今日ある生活をもたらしてくれたという事実を痛感する。

疎開先は、新潟の沼垂《ぬったり》と五泉《ごせん》の二ヶ所で、沼垂の垣原家はお文さんの弟の家、五泉の金子家はお文さんの養子・十二郎さんの実家であった。

幼児期の記憶は、大人の語りの繰り返しで本人に焼きつく。付きっきりで育てられたばあちゃん（お文さん）によって疎開先の出来事は繰り返されたから、その光景はいまだに鮮明だ。

幼児でも文化の地域差を感ずるか？と言われれば、感ずる。沼垂の垣原宅の前に近所の子どもを集めて、東京（とうちょう）の話をした。「チンチン電車が走っているんだじょ」というと、年上の子どもが頷いて、越後弁の「そういうの？　そういうの？」を繰り返した。

戦時中でも、四月になると澄子は地元の幼稚園に入った。通園で迷子になってベソをかいても、大人に聞かれると「にしぼりどおりごけんちょう……」と名乗って、都会の子は進んでいると言われた。親元を離れて生活する非常時の子どもであった。

家の前には川が流れていた。川は日に二度糞尿の臭いがする。日本海に糞尿を捨てに行く「汚穢舟《おわい》」が通るからだ。川の手前の道を川上に向かって行くと、汚穢舟の水路を避けて流れの速い入江のような格好の洗濯場があった。ばあちゃんの押す乳母車に乗って洗濯に行く。バケツの底を叩いて一人でチンドンヤごっこをすると、ばあちゃんは「ひょうきんな子だ」と言って眼を細めた。

両親は沼垂にも五泉にも一度ずつ来た。母親は、子どもたちのために焼いた菓子や衣料品を持てるだけ担いで、這々《ほうほう》の体《てい》で辿り着いた。五泉には真夏に来て、その時の妹の汗疹《あせも》が痛々しかったと、何度も繰りかえして言った。母親が原因不明の下痢が止まらず滞在が一ヶ月に延びた。その日の夜中に父親がやって来た。

昭和二〇年八月二日のことで、前日の空襲で汽車が立ち往生した長岡に、そのまま宿泊していたら死んだ公算が強い。新津まで来たものの汽車が動かずそこから歩いたという。

新潟行の切符は勝手に日付を修正して何度も使用した。駅員も居ず、何時空襲警報が鳴るかも知れない、検札どころではないすし詰め列車なのだ。てるちゃんは、堂々と太い字で修正していたというから自家製の免罪符みたいなものだ。

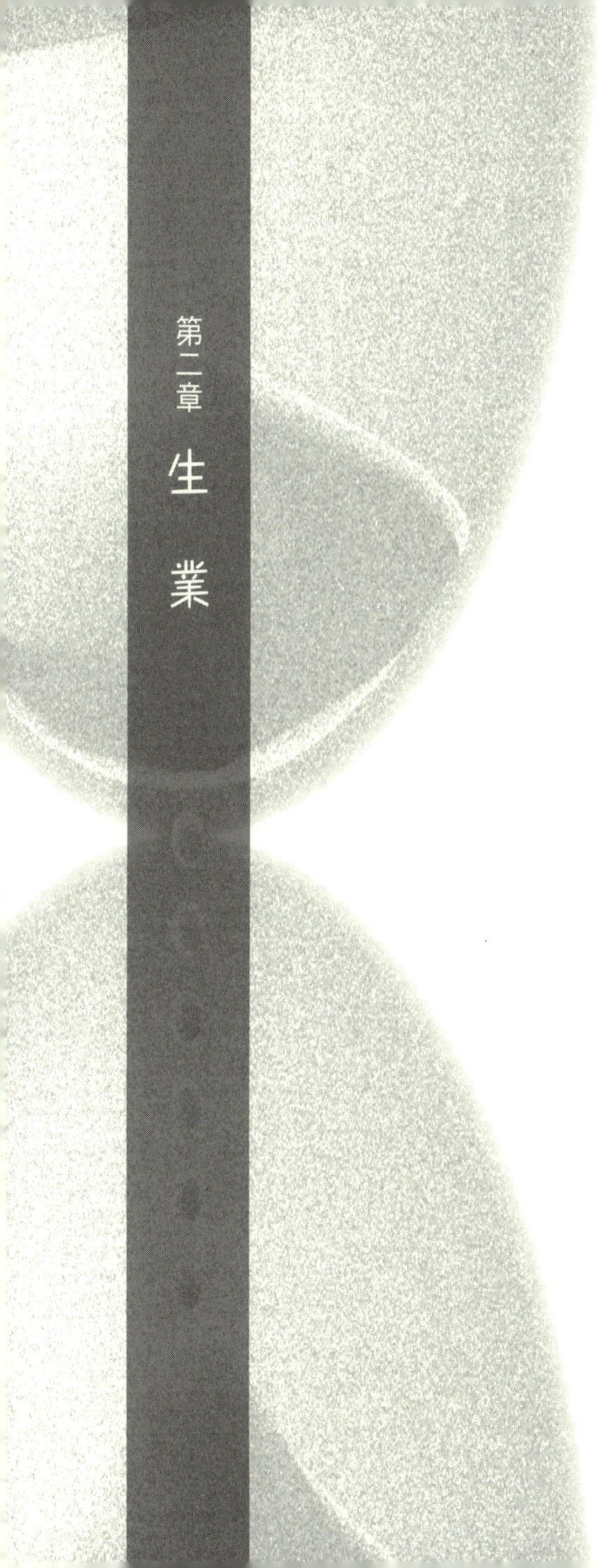

第二章 生業

進駐軍大歓迎

昭和二〇年八月一五日、戦争は終わった。

九月、新潟から帰京する列車に乗客が溢れていた。四歳の私が小便に行くのに、客車の端の便所まで運動会の大玉送りのように手渡しで送られた。用足しの度に「はいよっ！」と威勢のいいかけ声が掛かって、便所と母親の膝を往復した。

帰宅した日は、奥の家の一階の広間に町内の人々が集合していた。終戦の喜びに沸いていたのだろう、おやじさん連中の高らかに談笑している様子が今でも鮮明によみがえる。生家は、町会事務所で配給所でもあったから、配給の品物を取りに、人々が庭に行列をつくっていた。

町会の面々は、兜町で名を馳せている藤田さんを会長に、住職、共産党員、自由党支持者、長老の弁護士ありで、多士済済。生きることで精一杯の毎日だから、気取ったことは抜き、お互いの家に鍵を掛けない付き合いをしていた。

戦時中から三人の子どもに、「お父さん」「お母さん」でなく「パパ」「ママ」と呼ばせたのは、西洋かぶれとか舶来主義というものではない。戦争という愚行に走った内閣、官憲に対するせめてものレジスタンスであった。敗戦で英語が解禁になると「パパとママ」は三人の子どもの呼称から「パパさん、ママさん」と、近所の人々の共通のニックネームになった。

その頃の共産党は、すくなくてもパパ・ママの共産党は進駐軍大歓迎である。敗戦後も変わらず「神の国・天皇の国」を信奉する保守国家の理不尽さから、新しい国アメリカに希望を持つのは至極当然のことであった。まして、青年期から英語の合理性「ウォズ・ボーン」に憧れを抱いていた母親にしてみれば尚更のことであった。アメリカ兵が何か聞きに来ると、近所の人は「あそこの家に行きなさい」と言うから、そんな時はママは片言英語で嬉しそうに応対する。

家から一五分ほどの神宮外苑の緑は格好の散歩コースで、父親の体調のいい休日には連れ立って散歩をした。英語を話したいママにとって散歩のもう一つの理由は、アメリカ兵も散歩をしているからだったかもしれなかった。

ヘンリーもその一人で、ママが話しかけて親しくなり、家に来て二階に泊まった。異人さんの物珍しさと、子ども心にも「平和をもってきた人だ」という感情もわいていたから、三人が喜々として代わる代わる顔を見にいった。朝、二階へ上がると、布団から顔を出したヘンリーがチョコレートをくれた。凸凹のまま包装された細長いピーナッツ・チョコレートの舌ざわりは、まさしく憧れの国・アメリカのものだった。外へ出ると、ヘンリーは私を肩車にして闊歩した。足長のアメリカ人の大きな歩行の揺れに、鞍上の私は「ヘンリー・ポン！　ヘンリー・

ポン！」とはしゃいだ。

　敗戦後の日本に民主主義を持ちこんだアメリカも、左翼が台頭すると、日本政府に新たに弾圧を指示して、敗戦国・日本を統制しやすい天皇制の旨味を選択した。パパはマッカーサーの帰還を「日本がマッカになったらサーッと帰った」といって悦に入っていた。

「へー？　ママだってさ？　格好つけてやがらぁ」そういって、近所の子どもがからかった。

「共産党のくせに！　アカの子ども！」三つ年上の近所の息子が、よくこう言った。

「共産党のどこが悪い！　言ってみろ！」と、わかった気でやり返す。

　こういう喧嘩相手は成長すると懐かしい。その子は、商業高校を卒業して会社に勤める頃、親しそうに挨拶を交わして「赤旗」の読者だと言った。

出版の仕事

　父親は、終戦を待ち構えたように、全ての土地が共有財産になる共産主義の世の中の出現を信じた。日常生活の全てが共産主義と結びついて、「赤旗」が希望の象徴となった。居間の欄《らん》間《ま》には、ネンネンのばあさんと養祖父の写真を横目に、スターリンとレーニンの額が堂々と掛けられた。昭和二一年五月一日の戦後初のメーデーに、家の二階から焼け野原をとおして大通りを行進する赤旗の列を見て、父親は涙して止まらなかったという。

「プリント屋」は出版屋に変わり「中川書房」になった。「中川書房」は「社會書房」になり、共産主義を主張する書籍を出版した。発禁の枷《かせ》が解けて、澱《よど》んでいた思想が一気に出版としてカタチになった。

マキシム・ゴーリキイ著『人間レーニン』は、父親の親友であり母親の長兄である三宅威の訳で、昭和二一年一一月（奥付の年号が西暦ではないのは発禁処分を避けたためだろうか）に出版された。長兄・威は国文科卒業だが、ロシア語が得意だったのか、あるいは、その当時はそういうにわか勉強は当たり前だったのか、立派な日本語になっている。「譯者の言葉」に「……私が、これを譯出したのは、……この中に描かれてゐるいろいろの場面から、注意深い讀者は、今日のわが國の歴史的な歩みに、役立ち得るさまざまな問題と、その解決の暗示を、豊富に見出すことができると思ったからです。……」と、やわらかく書かれてあり、（私には）父親と思想は同じくするものの、行動的ではない文学者の伯父の人格が見える。

歌人・渡辺順三さんは、四谷に頻繁に訪れた。その都度、父親は上機嫌だった。それもその筈で、一九四七年に発行した、渡辺順三著『大逆事件の全貌』は、父親が本家の長兄から借用した平出修の「弁論手控え」「予審調書」「獄中通信」などをもとにして著され、それまでタブーであった「大逆事件関連書」の嚆矢《こうし》となった。二人の真剣な笑顔に、この本の発行に対する意気込みを、子どもながらに感じた覚えがある。

後に、千代田区神田司町に事務所を置いた「社会書房」の力作は、『レーニン二巻選集』で、第一巻六分冊、第二巻八分冊の計一四冊からなり、一九五一～五二年（昭和二六～二七年）に刊行された。発行部数は定かではないが、帯に「日本圖書館協會選定圖書」とあるから、戦後に解禁された思想書としてある程度は普及したに違いない。凡例に「翻訳はもっとも良心的なひとびとに依頼し、ロシア語版だけではなく、英・独・佛訳および、これまでの邦訳等を参照し、これを責任校閲者団が原文と照合、……」とあって、父親と研究者の熱意が察せられる。

とはいえ、昭和二一年二月、学生時代をともに過ごした友人宛てに、出版の事情を記した借金依頼の手紙があるから、もとより採算は取れなかったに違いない。

戦時中も出版を手がけ、昭和一七年一二月には、『ハワイ・マレー沖海戦』という戦意高揚を目的にした本を出版した。この出版は、戦後の映画「ゴジラ」のプロデューサーで、東宝の社長にもなった田中友幸氏が持ち込んできた「いい話」で、映画にもなり、一万部のベストセラーとなった。海軍大佐を赤坂の料亭に接待して、銀座に幟《のぼり》を立てて宣伝した。主義主張はさておき「背に腹は代えられない」というところか、その金はこの本の出版資金と三人の子どものミルク代に化けた。

謄写印刷業

混乱をいいことに復興の狼煙《のろし》を上げる戦後の資本主義社会の台頭に、最も反抗的な出版で生きつづけるのは至難の業であったのだろう、昭和二二年頃から両親は謄写印刷業を生業とするようになった。

底地一三坪の自宅の二階が工場、一階が居住空間で、印刷現場は昼夜を問わず人と物でごった返していた。朝七時前に父親が原稿の割り付けと称する段取りを始め、筆耕屋《ひっこうや》さんの出勤を待つ。ほとんどの注文は待ったなしだから夜なべは普通で、遠方からの職人は、終電がなくなるとそのままそこへ布団を敷いて寝ていたから、昼夜を問わずというのはけっして大袈裟ではない。

古家は必要に迫られて改築に改築を重ねられた。縁側付の純日本間「二階の八畳」の周りに、衛星状に一畳半、二畳、二畳半、三畳と出っ張って、それぞれが筆耕の部屋でもあり、印刷の部屋でもあり、顧客が校正する部屋にもなった。縁側からの借景は戦火を遮った墓場で、整然と並んだ墓石にかぶさるグレーがかった緑が、窮屈な職場環境の換気に役立っていたようにも思える。

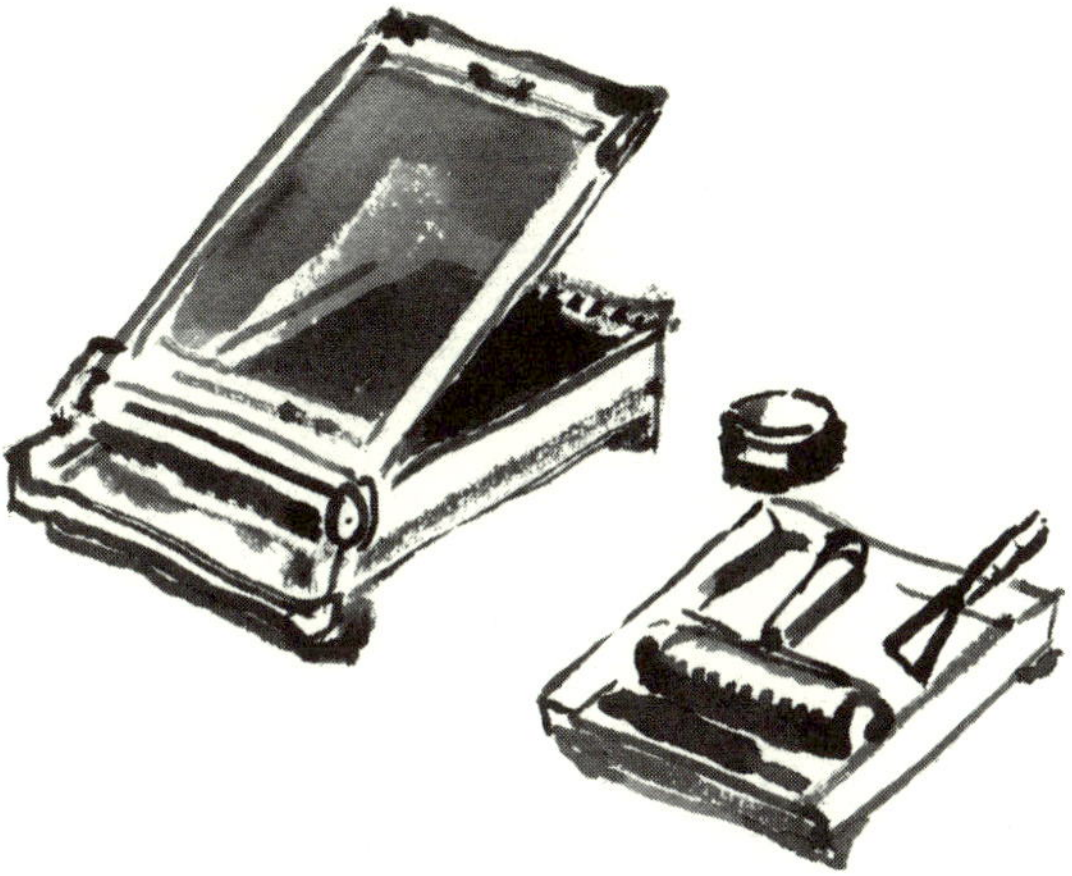

階下にある便所に入れば、壁一つで隣家の便器にしゃがむ隣人のいきみ声が聞える。もっともこれは父親が隣家の住人が引越した時に便所と便所を廊下で繋ぐ目算でしたことで、なんとも懐かしい隣人同志の便座と便座の会話である。

日本家屋は風通しがいい。冬はすこぶる寒いからどてらを着て寝るくらいだが、春と秋の気候のいい時分には、室内と屋外の空気の対話が心地よい。二階の出っ張りの窓を開けると一キロ先から省線電車の音が聞えてくる。スピードを上げたりブレーキをかけたりするのまでよくわかる。四谷のトンネルを抜けて信濃町にかかり、信濃町から千駄ヶ谷にゴアーン、ゴアーンと余韻を残していく。

週末には神宮球場の六大学の歓声が波のようにうねって聞こえてくる。特徴あるアナウンスは、夜間の神宮プールからも、まるで実況放送のように臨場感を運んできた。

「第一のコース！　〇〇君！」

我が家と神宮球場の間に、風の交流を妨げるものは見当たらなかった。

共産党員とシンパたち

零細印刷会社の社員は大概が共産党員あるいはそのシンパで、しかも結核療養経験者であった。「赤」と「肺病」が密接に関係する交友関係から、「レッドパージ」「労働組合ＯＢ」「青白きインテリ」「プロレタリア文学青年」「新劇青年」「宿酔」「不潔」「ニコチン中毒の黄ばんだ歯」等の特徴を持つ人々の集合場所といえた。

筆耕の資格は、単にただ字がきれいなだけではない。判読力もさることながら、平たいヤスリの上に原紙をのせて鉄筆で擦る「つぶし」など、飾り罫を付けたり、デザインの素養も必要だ。「赤」と「結核」の二刀流の人は、どういうわけかこういう才能に恵まれていた。

四谷第四小学校の図画の奈良先生は、レッドパージで職を失い筆耕をしていた。無類の子ども好きの先生は、私を「ゲル坊」と呼び、冗談を言って小柄な体を快活な笑いで揺すっていたが、気鋭の先生にとって教育の現場を離れたのは辛かったに違いない。大勢の子どもたちに囲まれて絵画の授業を続けたかったのだ。本望でない勤めのために、実家のある山梨県の猿橋から四谷まで通っていた。通勤難から最多宿泊者であった。

朝ご飯を出すばあちゃんのご機嫌によっては、奈良先生が居残りを希望しても、最終電車で猿橋へ帰って朝一番で戻ってくる。「このまま泊まりたい」とばあちゃんに懇願しても叶わず、駅に歩いて行く姿は気の毒な上に気の毒であった。

奈良先生はその後、映画界に入り美術を担当した。戦後の映像芸術は、ドキュメントは勿論ドラマであっても、日本の現状を明らかにして、平和の本質を訴えるものが多かった。原爆の記録映画「ひろしま」の撮影から、浅黒い顔をよけいに日焼けさせて帰郷した先生は中川家に立ち寄って、「ゲル坊、原爆の閃光で馬が倒れるシーンは、生きている馬に火薬を仕掛けて撮影したんだ」と説明した。私は「民主主義の映画なのに、馬なら犠牲にするのか？」と先生に食い下がった。

奈良先生は、大阪で電通の映画部長になって五〇代で早世した。

秋さんと丸山さん

当然、遠戚の社員もいて、「帝プリ（帝大プリント聯盟）」の丁稚《でっち》であった秋さんが復員して戦後の謄写印刷会社で活躍することになる。

名字（秋田）の頭が愛称になった秋さんは、四谷区麹町の畳屋の男ばかりの四男坊に生まれた。一時期は近衛兵だったが、終戦は宮古島で迎えた。父親は根っからの職人で「宵越しの銭は持たない」ところがあって、ある時、女房・子どもを置いて突如、カムチャッカに一人旅をした前科（?）があった。中川の名字を染め抜いた半纏を着て立ち寄る姿は落語の登場人物と同じ。「秋田畳店」は戦後も数年存在したが一代きり。秋さんの長兄は三越で無遅刻無欠勤を誇り、丁稚から定年退職まで勤め上げた。男児それぞれが昭和の江戸っ子を地でいっていた。

秋さんは昭和一五年二月、一五歳の帝プリ時代に、父親と先輩社員の花札賭博に関連して本富士署に挙げられたことがある。職場で開帳（?）される花札を、「赤門堂の万ちゃん」なる多少意地の悪い隣人に告げ口されたのだが、秋さんはそのことを大いに誇りにしていた。男なら一度は覗いてみたい所に行った実績は、かけがえのない経験であったらしい。

戦後の職場でも、花札は昼食後のデザートだった。秋さんは根っからの天真爛漫な性格から、二階の八畳の真中で父親と「こいこい」に興じて、碁石を並べた勘定を誤魔化されると大きな声を出す、「ちゃーちゃーちゃーちゃーちゃー!」。一銭もかからない賭け事は、取って置きのリクリエーションだった。

謄写印刷では、「ガリ切り」こと筆耕屋さんの芸術性と、「刷り屋」の印刷職人の耐刷力が競い合う。若い秋さんは、肘カバーを当てた自慢の右腕で巧みにルーラーを扱い、ニスを塗って強くした一枚の原紙で一万三千枚の手刷りの技術を誇った。深夜、二階の出っ張りから規則的な音が聞えてくる。振動が伝わって、まるで家中が揺りかごのようだった。

大きな丸い顔をした丸山さんは新井さんとも名乗った在日韓国人で、物事をよく知っていて、何を職業にしていたのだろう、不思議な人だと言われていた。知己が多く、戦前、父親に「新築地劇場」の後援会を引き受けるように話を持ってきて、そのとおりになり、売却前の奥の家の二階が劇団の稽古場になっていたこともあった。

丸山さんは、戦後は筆耕専門になり四谷に通ってきた。来社する度に何やら変わった話や、世相の独自の分析やらを持ってくる。何時も何かを考えていて、仕事中も芸術論やら文化論やら、思いつくと鉄筆を休め、話をする。それがために書いた原紙によく「抜け」があった。抜けがあると後処理は大変な作業で、切り貼った原紙は耐刷力にも影響する。

鉄筆を置いて天井を仰ぎ革命の是非を語る!　印刷の現場が演劇の舞台そのものでもあった。

第三章　路地は子どもの天下

空き巣は大男

家の前の私道を出た所、須賀神社に通じる道路上が子どもたちの第一の遊び場である。車の通行のない道路は仕切らなくても安全な遊び場になっていた。

その角に大きな丸い石があった。私がよちよち歩きを始めた頃の写真がある。子どもの私がその石に手をかけ、庄ちゃん帽とマントを着て写っている。五頭身に見えるその写真の出来映えに、母親はおおいに満足で、手札版に引き伸ばし、アルバムに貼って「石と頭とどっちが大きい」と題を付けた。昭和一八年のことだから、石は戦火をくぐり抜けたことになる。

暑い夏の日、石蹴りで遊んでいると、路上に蝋石《ろうせき》で画いた輪が照り返しで眩しい。夕方までたっぷりある時間帯に、家の方から見慣れない大きな男が足早に出て来た。男は季節外れの黒い長いコートを羽織って、角で一旦立ち止まって、ハンカチで首のあたりの汗を拭きながら、落ち着かない様子で左右を見回し、須賀神社の方向を選んで駆けて行った。

その様子は子どもにも怪しいと思えたが、ドロボーならもっと貧相だろうし、だいいちお大尽の所に入るだろうからドロボーのわけがない、と判定がつかないでいると、数分の後、父親が「ドロボーが入った！」と家の中から叫ぶのが聞こえた。私が勢い込んで大男のことを伝えると、叫んだワリには慌てずに外へ出て追うつもりもなさそうなので、父親の考えがすぐに読めた。

「追ったところで捕まるわけもなし、捕まえたところで警察に差し出すつもりもない、ドロボーも平民であり、それを捕まえる警察こそ平民の敵で資本家の手先である」

場合によっては空き巣の味方にもなりかねない、そんな理屈に徹していた。

盗みに成功した大男のことは、悲しい大人の典型として記憶にある。

焼け野原の丸太すべり

生家の一角は戦争なんかなかったかのように小さな古家が犇《ひし》めいていたが、そこを出ると焼け野原が幾つもあった。一番近い焼け野原は須賀神社の手前にあって、野原というほど広くはない、いかにもここに焼夷弾が落ちたという焼け跡で、そこにあった屋敷の庭の築山《つきやま》の跡だろうか、小山のようなスロープがあった。

子どもは遊びの天才である。数歳上の子どもが思いついたのだろう、小山の頂上から数本の焼け残りの棕櫚《しゅろ》の太い幹を横に順に並べて、その上にどこかで見つけてきた長い洗い張りの板を直角に乗せ、数人で跨ってすべり下りる。さしずめ「焼け跡版ジェットコースター」は、砂埃を巻き上げて「焼け跡遊園地」の人気ナンバーワンになった。遊園地の支配人格の年長の子どもは、年少の子どもを膝に抱えてすべった。砂埃は子どもたちにとって喜悦の噴煙であった。

一筋違えた通りの向こうの、道路から一段高い住宅地跡の焼け野原は何軒分の土地だったのだろうか、かなり広い。縁日の露店で買った小兎を放すと、ペンペン草の原っぱを走りまわった。ピョンピョン、キョロキョロ、モグモグと、無心な兎の仕草に無心な子どもが戯れた。兎にとって本物の野原とは似ても似つかぬものだったのだろう。玩具にされた小兎は二週間で死んだ。

子どもたちにとって食料は充分でないが自由だけは存分にあった。家の中に閉じこもって遊べる玩具もないから、外の空気をいっぱいに吸って日の暮れるまで遊ぶ。集合時間はまちまちだが、遊び場に近い家の母親が「ご飯だよう！」と叫ぶのが解散の合図になる。日暮れになると、子どもたちは少しでも長く外に居たいと粘った。弱気で律儀な子が「かくれんぼ」の最後の鬼になると、解散を知らずに取り残されて泣いて帰ることもあったが、その子もまた、翌日には焼け野原に出動した。

焼け跡も自然の恵みに違いなかった。

ドブ跨ぎ

私道を出て左に三軒目の角で、左門町から若葉町に通じる道路に出る。この道路は左門、須賀、若葉を結ぶ幹線道路で、奥の油揚坂《あぶらげざか》を下った「若二」で、若葉町から南元町に通じる底地の道路とTの字になる。我家から南に町内を抜けるときに必ず通るこの道は、車の通行がやや頻繁になると左門町からの一方通行になって、若葉町に下る専用道路になった。

「この道に線路が敷かれて、信濃町から来た都電が左門町で右に曲がって、坂の手前の終点・須賀町で折り返してまた左門町に向かう」という夢を見た。いくら細身の都電でも、この道路を走るのは不可能だったが、「都電が自分たちの遊び場までやって来る」そういう憧れだったと思う。

その道路に出た左斜め向かい側の石屋の角を右に曲がると、道幅三メートルほどの急坂になる。底地までの落差は、普通の坂の二倍くらいに思えるほど深い。坂の中程に右に曲がる道があって、それを行くと少しずつ平地が出てきて、やがて墓や住宅になっていた。坂を真っすぐに下りきった右側は一見公園のようだったが、堀の名残りのような沼地で「立入り禁止」の立て看板があった。

坂下から左に道なりにつづく「若三」の家並みは、崖下の左側も、やや拓《ひら》けた右側も、道路とそれに沿った細いドブを挟んで、トタン屋根のバラックが連なっていた。復興の兆しの見えはじめた高台の町に比べて、「若三」は陽の当たらない谷底の町であったが、住民はむしろ困窮に耐えて快活さをもっていた。

「若三」の子ども達はケンカが強い。上の町の子どもが「若三」を通行するときは、いくらか緊張するのが常であった。「着の身着のまま」の「若三」の子ども達は、自然に考え出された遊びをした。二〇センチほどのドブを、数人の子どもが列をなし、喜々として跨って小便をしていた。幼児とはいえ女の子もいたから立ったりしゃがんだりで、天晴れな無礼講である。

後に、アフリカの子ども達が同じ行列を楽しんでいると知って、「ドブ跨ぎ」は世界共通の子どものマスゲーム（？）なのだ、と感心した。

「お家ごっこ」と『山椒大夫』

夏の雨の日の遊びは蚊帳《かや》の中のお家ごっこが楽しい。触るとチクチクする緑色の蚊帳は、網の中と外を違う世界にしてくれる。たわんだ蚊帳の天井はままごとの家の屋根、隠れ家のように匿ってくれる。

姉は母親、妹は子ども、と役柄が決まっていた。蚊帳の開閉する出入口から、蚊帳の外で買い物をした母親役の姉が「ただ今！」と言って蚊帳の家の中に入ってくる。姉と妹のサンドウィッチの私は「ボク」と呼ばれていた。外に出ると泣き虫に育ったのは、この蚊帳の家のままごとの連帯感の所以かも知れない。

蚊帳の天井から茄子《なす》をぶら下げる。蔕《へた》が付いている茄子は裸電球になった。それはボクのアイデアだった。

夜、三人の子どもにばあちゃんが寝物語を聞かせた。独学のばあちゃんは、自分が頗る気に入った名作を自分流に語る。その名作も、ほとんど「安寿と厨子王」の一作で、ばあちゃんの『山椒大夫』は、「安寿恋しやホーィホイ、厨子王恋しやホーィホイ」の越後訛りの節回しが、暗く寂しく恐ろしくて、物語が判りかけてきた姉とボクは震えていた。

レコード

電気蓄音機《デンチク》の登場しない時代である。

戦後の商店は、八百屋、魚屋、酒屋、肉屋、洗濯屋は勿論、本屋、レコード店も御用聞きと配達をしていた。

四谷三丁目のレコード店「好音堂」が、月に一回「新譜」を薦めに来る。父親は、歌を歌わせれば音痴の部類で、洋楽に興味があるわけではなかったが、「芸術を理解すべきである」という進歩的な思想?から、音楽に限らず芸術の振興に賛同していた。新劇運動の旗を担いだのも、同じ根拠からであった。

「好音堂」の若い主もそれを知っていて、童謡、流行歌、民謡の類の新譜レコードを、多分売れ残りも含めて薦めに来ていた。東海林太郎、小唄勝太郎、市丸の歌、川田正子、孝子の童謡などで、店主が気をきかせて持参したのか、労働歌のレコードも数枚あった。

七八回転盤のレーベルには、ネズミのような動物が両方の耳に大きなメガホンを着けている、「音が出る」ことを強調するマンガがあった。日の丸の旗が風になびいていたり、戦後の「メーデー歌」には赤旗と労働者のシルエットがあった。キングレコード、ニッポンレコード、ポリドール……横書きのカタカナの読み始めが、左のものも右のものもある。当用漢字など決めごとのない、横書きにも戸惑っていた頃なのだ。

三歳の私は、手動蓄音機のハンドルを回して、ゼンマイが切れそうになる手前の案配を心得ていた。レコード盤が回り始めると、竹針を着けた大きな丸いヘッドを盤の端の溝に乗せる技術も習得していた。

ああああふれふれ　かあさんが
じゃのめでおむかえ　うれしいな
ピッチピッチ　チャップチャップ　ランランラン

北原白秋作詞、中山晋平作曲の「あめふり」は、私の最初の愛唱歌で、雨の日は、愛唱歌のレコードが繰り返され、部屋中をぐるぐる回って踊っていたという。「おさるのかごや」「かわいい魚屋さん」「坂道」……「音羽少年少女合唱団」の声と一緒になって歌った。

「砂山」は、短調の旋律もレコードの大人びた声も怖かった。姉が大好きだった大ヒット映画「鐘の鳴る丘」の主題歌も、始まりのキンコンカンコン・キンコンカンコンの鐘の音が不気味で、子どものための音楽ではないような気がした。

童謡で踊った挙句、私にとって究極の七八回転は、東海林太郎の「女の友情」になった。久保田宵二作詞、田村しげる作曲の映画「女の友情」の主題歌「綾乃の子守唄」で、フルートとギターの前奏が、子ども心にも沁み渡った。歌い出しも、繰り返される寂しい旋律にも思慕を感じた。ばあちゃんの口ずさむ「安寿恋しやホーイホイ」の節回しに似ていたのかもしれない。

軒端の燕が　二親と
楽しい夢を　見る夜は
坊やの父さま　恋しゅうてか
よい子　よい子だ　ねんねしな
泣けば　私も　泣かされる

思いは空まで　通うもの
今宵の夢には　父さまの
優しいお声が　聞こえましょう
よい子　よい子だ　ねんねしな
泣けば　私も　泣かされる

現存するレコードを掛ければ、東海林太郎の優しい声が聞こえる筈である。

お正月

戦後の子どもは正月を待ちに待った。

師走には、私道を挟んだ家が合同で「餅つき」をした。借り出された鳶の若い衆が勢いよく杵を搗《っ》く合間をぬって、文ちゃんの母親が、手に水をして素早く捏《こ》ねた。普段は火鉢の前でゆっくり煙管を燻らしているが、さすが、昔その世界で「遣り手」と云われて取った杵柄（?）、いざとなると動作は素早い。和服の袖をたすきで捲り上げて見事な「捏ね手」の所作を見せた。我が家も負けずに、越後育ちのてるちゃんが、中腰のまま拍子よく湯気のたった餅を捏ねた。搗きあがった餅が熱々の「餡ころ餅」になると、路地は複数の家族で賑わった。

凧揚げも暮れから始まった。

須賀神社の公園の石畳の端から端を、小さな子どもが奴凧を引いて駆け出した。電線のない公園は凧揚げに格好の場所だった。

高台の公園は、風が南から北へ吹いた。大きな子どもが揚げた凧は、公園の下の「若二」から見ると、高台の分だけ遥か天空を泳いでいるように見える。天気のいい正月の上空に、幾つもの凧が舞った。

ちっぽけな奴凧は、タバコ屋兼お菓子屋兼文房具屋の「おはなさん」で買えるが、揚げ凧は、父親は自分が通ったという三栄町の凧屋「若林」で買えばいい、と言った。「若林」は、夏は扇子屋になる竹細工の職人の店で、大きな錦絵の凧が天井に飾ってあった。

後年、「若林」の娘さんが、須賀町の八百屋「合資会社室岡商店」に嫁いだ。室岡商店の二代目は、四谷っ子の代表といえる気風のいい太一ちゃんで、奥さんは江戸伝統技術の名工の娘さんだから、八百屋業に、より一層竹の筋が通ったことになる。

羽根つきも私道を出た路上で打った。羽根と玉のバランスのいい「羽根」が、乾燥した厚めの羽子板に直角に当たると、軽やかな音がして良く飛んだ。運動神経のいい姉は、高く飛んでくる羽根を発止《ハッシ》とばかり飛び上がって打った。勢いのいい羽根が高田さんの屋敷の塀を越えると「スミマセン！」と言って、めったに見られないお大尽の庭に入れてもらった。

小学校六年の頃、工作で大きな羽子板に好きな絵を描くことがあって、ディズニー漫画のブロンディーを描いて我ながら良い出来だと自負した。羽子板は絵柄のない裏面で打つのだが、この羽子板で打って、誤って絵柄に数個の丸い凹みができて後悔した思い出がある。

昭和三〇年前後の正月四日に、二年続けて出初め式の「梯子乗り」が、私道の奥の家の前までやってきた。鳶の頭・文ちゃんの父親が、大家の父親に敬意を表したのだ。大勢の鳶職が長い鳶口で支えた梯子が立って、木遣りが路地に響いた。若い衆が梯子の天辺まで上がると、二階の屋根を越えて天空に止まったように見える。

父親は二階の窓から顔を出して、横になって見得を切る、若手の亀の子の所作を眺めて上機嫌であった。物心がついていたから、「何某か」を渡していたのを、こんな贅沢をして大丈夫なのかと危惧した覚えがある。

雪は必ず降った。家の前の雪かきをすると、「えらいわねぇ」と文ちゃんの母親が甘酒をくれた。姉は美味しそうに呑んだが、私はこの甘酸っぱい飲み物を三口ほど含むと、気分が悪くて嘔吐した。それを文ちゃんの母親に言えずに、数日後にもう一度甘酒をもらってその時も嘔吐した。ご飯粒がブツブツ入った、白さも甘さも不気味な甘酒は、吐く息も酸っぱく冷気の中へ煙のように消えた。

文《ふみ》ちゃんとボーチンとポコちゃん

男の子の遊びの横綱はメンコとベーゴマだ。

紙のヘタリのないピンとしたメンコを、利き腕でコンクリートに思いっきり叩きつけると、相手のメンコがもんどりうってひっくり返った。相撲絵が生きているようだ。小粒で敏捷な子どもはメンコに勢いをつける呼吸を会得していた。

ベーゴマも然り。鉛の独楽《こま》にきつく巻いた紐を瞬時に引くと、回転力が独楽に乗ってテント布の土俵の上をプーン！と唸って力強く回る。ピンピーン！　相手の独楽を土俵の外に追い出して回転を終えると、独楽の顔いっぱいの球団名が、勝ち誇って斜に構えている。父親仕込みで判官びいきの私は、「巨人」のベーゴマはもたずに、もっぱら「大洋」の独楽を愛用していた。

ベーゴマは買ったばかりの新品では勝てない。とんがりの先端と六角の角々が、鋭く磨かれていなければならない。須賀神社のコンクリート状の塀に、子どもたちがベーゴマを擦り付けて歩くから、波状の傍線の傷が何本も付いた。

ベーゴマの最上の土俵は、大型のバケツに張った目の細かな分厚いテント布である。四歳上の文ちゃんは、鳶職の父親の目を盗んで最上のテント布を持ってきた。

文ちゃんは、家賃滞納借家人の次男だが、借家は狭い私道を挟んだ向かい側だから、大家の子どもと店子の子どもが、家の前で兄弟同様に遊んでいるようなものだった。文ちゃんの父親はイナセな優男で、「頭《かしら》」と呼ばれてはいたが働きは覚束なく、新宿の寄席「末広亭」の思し召しで下足番をしていたこともあった。浅黒くていかつい顔をした母親は、色街で差配を取ったこともあるようで、長火鉢の前にしゃがんで煙管《きせる》を吹かす姿が様になっていた。

四歳という年齢差は命令系統の秩序を保つのに具合がいい。それをいいことに、文ちゃんはメンコやベーゴマで力づくで勝って巻き上げたり、汲み取り式便所の「便器覗き」を強制した。それでも、本能的に人間的な配慮をしていて決定的な悪事はしない。乱暴そうに見えても本当は気が弱い文ちゃんは、ガキ大将を卒業すると父親譲りの優男の風格が出てきたが、結核を罹って数年の病院生活の後、十代で死んだ。

ボーチンは裏の借家に住む一歳下の男の子で、学習院出の父親と着物の似合う堂々とした母親が着飾って外出することの多い家庭だった。年中青っ洟《ぱな》を垂らしているボーチンは、四人姉妹の三女と四女の間の長男で、双葉学園に通っていた年の離れた姉たちに可愛がられていた。ボーチンとは、「坊や」にチンがついただけの大した意味のある渾名ではない。

小学校での私の呼び名もナカチンで、チンは単純に男の子に付けられた呼び名のようだ。ボーチンとナカチンの喧嘩は、「ボーチンだからお寺の坊主!」、「しげるだから繁った葉っぱ!」と、ケンカにならないケンカだった。

やがて、ボーチン一家は郊外の立派な邸宅に引っ越していった。父親は東京オリンピックの馬術の監督もした権威で、教育も厳しかったに違いない。ボーチンは、青っ洟を卒業すると学習院に進学したから、今は昔の愛称になった。

私道を出た斜《はす》向かいの交通公社の社宅に、肥満児のポコちゃんがいた。

ポコちゃんには数歳上の兄がいて、兄はベーゴマでもメンコでも自分流にルールを曲げて勝負する才覚があった。一歳年上の私がその兄に腹を立てて、ポコちゃんの社宅の玄関に長い竹竿を放り込んだ。怒った母親が同じ小学校の先生に言いつけて、「子どものケンカに親が出るな」という私の父親と、親同士の喧嘩になったことがあった。

この兄弟は小学校の半ばで引っ越してから消息はなかったが、ある時、隣りばあちゃんの義弟・大相撲の呼び出し・照雄さんが、幕下以下の取的《とりてき》さんに「僕は須賀町にいました」と声をかけられたと言った。三段目の「出羽の嶺」こと江戸っ子力士のポコちゃんは、しゃにむに相手を放り投げるには、気が優しすぎたと思う。

美しき天然

空にさえずる鳥の声　峯より落つる滝の音
大波小波とうとうと　響き絶やせぬ海の音

『美しき天然』という歌は流行歌ではなく童謡である。明治三八年に作られたというから軍歌調であっても童謡なのだ。というより、童謡だからこそ軍歌調だったのかもしれない。

チンドン屋の得意な持ち歌で、素っ頓狂なトランペットの旋律が戦後の街に流れていた。新宿でも新橋でも人の集まる駅前に行けば、傷痍軍人のアコーデオンの『美しき天然』が聞こえた。白衣を着た傷痍軍人は大概は二人一組で、眼帯をして、失った片足を包んだズボンを傷痍である証拠にして松葉杖で立っていた。走る電車の中をアコーデオンを胸に不自由な足で通行する組もいた。揺れの激しい連結器の上も上手《たくみ》に渡って、人混みの車両を往復していた。中にはインチキな傷痍軍人もいたというが、その頃の世間はインチキ乞食を罪人扱いにする余裕もなかっただろう。

この『美しき天然』こそ、須賀町に育った子どもたちにとって日常生活のテーマソングであった。

私道を出た向かいは交通公社の社長・参議院議員の高田寛宅で、この辺り一番のお屋敷だった。吾妻家《あづまや》のような大きな屋根を持つ門構えの引っ込みは、子どもたちにとって道路を舞台にした遊び場の「控えの間」になっていた。道路には蝋石で自由に○や△や電車の線路を書いたが、この引っ込みには何も書いてはいけないことを知っていた。

引っ込みに、週に二、三度、紙芝居がやって来た。紙芝居は二人来たが、一人のおとなしい紙芝居はもう一人のにぎやかな紙芝居に圧倒されて、すぐにこの地域に姿を見せなくなった。にぎやかな紙芝居は「ズンダッターのおやじ」と言われた。紙芝居の筋がいよいよ佳境に入

ると、画面の下の箱の前面を手の平と指で叩いて、浅草のジンタよろしく「ズンダッタッターチーラッタッターツーレッツー」と、『美しき天然』の旋律を拍子を取って歌うからだ。ズンダッタッターのおやじの形相は下膨れの汚れたゴム人形のようで、戦闘帽を被ってボロをまとった乞食のような格好なのだが、路地の子どもたちは、清潔とはほど遠いこのエンターテイナーに圧倒されて、飴玉を舐めながら心ときめかせて拍手喝采をした。

ズンダッタッターのおやじの紙芝居は、他の紙芝居や冒険物などと違って涙物が多い。子どもの後ろに立っている母親からも共感を貰おうという、おやじの押し付けがましい親心のようだったが、あるいは、天涯孤独の「戦争未亡夫」の叫びであったのかも知れない。

おやじに「おデコ」といって可愛がられた私

は、小学校二年になって紙芝居にも飽きてきたし、おやじの飴玉の不衛生なことにも気がついたから、知らん振りを決めて紙芝居の後ろを通り過ぎようとした。おやじが語りの最中に気がついて「こら！　おデコ！　なぜ見に来ない！」と絶叫した。

おやじは紙芝居の到着を拍子木を打ちながらふれ歩く。雨の日には「高田さんの前だから濡れない！」と付け加えていた。二、三年して、おやじは馴染みの子どもが成長した四谷から市ヶ谷の方に移動していった。おやじが死んだことは、その数年後に伝わってきた。

子どもたちは時々は引っ込みに水を撒いて掃除をする。石の模様の上にバケツの水がひろがって波紋が美しい。掃除をしていると、高田さんのおばさんが「まあ、えらいこと」と言って、お手製の「カルメ焼き」をめいめいにくれた。お大尽の家庭のカルメ焼きは大きい。こんがりした茶色のカルメ焼きがパリパリと音をたてると、上等な粗目の甘みが口の中に広がった。

傘直し

街を行く行商人の呼び声はほとんどが鍛えられた肉声だ。朝一番の「納豆や、納豆！」、昼の「竿やー、竿竹！」、夏の「金魚やー金魚！　めだかー、金魚！」、冬の「石焼き芋ー」はまるで相撲の呼び出しのようだった。往来に響く美声から町の風物詩などと言われた行商人も、当時の実入りを察すると風物詩どころではなかったに違いない。

戦後は、ほとんどの物資が耐久財である。傘も勿論消耗品ではない。「傘直し」が月に二度ほど廻ってきた。温暖化など兆しもなかったその頃、梅雨時に限らず雨が多かったのか、あるいは傘の骨が弱かったのか、修理は必須だった。月に二度の間隔が程良くて、傘直しを待ち構えて玄関に数本立てかけてあることもあった。

傘直しのおやじは細面の男で、甲高い声はこの辺りで特に誇らしげに聞こえた。「区の巡回で、こうもり傘、傘直しが参りました。ありましたら風呂屋の前までお越しください」

区の巡回というところが誇らしいのは、ほかに区の巡回でない未公認の傘直しも来たからで、誇らしくても当然なのだ。「新宿区公認」だから、多少値が高くても技術がよくて安心だというのである。風呂屋の前で堂々と、茣蓙《ござ》の上に陣取って胡座《あぐら》をかき、膝にゴムの前掛けをかけて骨を直している。

それが、ある時から呼び声が変わってきた。「区の巡回」が「……ンの巡回」になって、どこの巡回だか聞き取りにくくなった。

「……ンの巡回で、こうもり傘、傘直しが参りました。ありましたら風呂屋の前までお越しください」。

新宿区が傘直しの公認制度を廃止したのだ。傘直しは、新宿区公認だったプライドの所為か、「……ンの巡回で」の言い回しを変更しなかった。

ばあちゃんは、この細面の傘直しを「余計なところまで直して、余計な金を取る」と言って好きでなかったから、公認がはずれていい気味だ、というようなことを言っていたが、区から見放されても「……ンの巡回」をふれていた傘直しは、商売を死守する健気なおやじだったのだ。

風呂屋

「うさぎ湯」の奉公人・月岡という男は、いつも手ぬぐいを口にくわえて、炊き付け用の材木を大八車に積んで牽《ひ》いている。歌舞伎役者のような名前の大柄な男は多少知恵遅れで、落ち着かない目で周りを見回しながら、材木の後ろが道路に擦っているのをかまわずに牽いている。その目が子どもたちを見つけると大口を開けて話しかける。子どもの方も扱いを知っていて、たいした会話にはならないが、普通ではないが純真な大人と、彼が親近感を抱いて拠りどころにする子どもたちとの自然な親交があった。

風呂屋は場所によって入る客が違う。塩町の「うさぎ湯」は、天井もより高く格が上のようで、電車通りを渡った三業地・荒木町辺りから粋筋《いきすじ》の女性も来ていたようだ。須賀町の「鶴の湯」の客は、左門町と須賀町の住人が主で、坂を下った若葉町に比べれば幾分恵まれた生活をしていた。

生活環境の違いは、子どもの衣服にはっきりと反映して、遊び方も汚れ方も違ってくる。「うさぎ湯」と「鶴の湯」と「若葉湯」では、富士山と三保の松原の壁絵は同じでも、風呂の中の雰囲気が不思議に違っていた。

就学以前の子どもは男女に限らずほとんどが母親と女湯に入った。内風呂のある家はまずないから赤ん坊も多くて、しばしば小さな黄色いものが浮いていた。母親は、私が四歳の頃、女湯で「お腹大っき人　おっぱい黒い　ヤッチョイヤッチョイ」と踊っていたと言っていたが、疎開先から帰京してすぐのことらしい。

風呂屋の入口は、右が女湯、左が男湯に決まっていたようだ。暖簾《のれん》に、「男」「女」の字があるけれども、習慣づいて字を確認して入るわけでもないから、どこの風呂屋でも共通にしていたのではないだろうか。

ところが、後年、妹が武蔵小金井のアパートで所帯を持った時に、一泊して近くの風呂屋に行って、身についた四谷の習慣どおり左のドアを開けてびっくりした。中年婦人の生活ヌード集団が突然目の前に現れて身が竦《すく》んだことがあった。風呂屋の店舗設計に、男女の不文律など無いのかも知れない。

おはなさん

「鶴の湯」の帰りは、向かいの煙草屋「おはなさん」でラムネを飲む。「伊藤商店」という立派な屋号があるのだが、女主人「おはなさん」の名前がそのまま店の愛称になっていた。おはなさんは、いつもガラスのタバコケースの奥に座っている、まあるい顔をした美人で、落語に出てくる「たばこやのミー坊ー」が所帯を持った風だった。

子どもは我を忘れて遊ぶから疲れて甘いものを好む。どこの家庭でも、糖分の多いカルメ焼か葛湯がおやつの定番になっていた。私はよく、ばあちゃんから一〇円をもらって、おはなさんで「一〇匁《もんめ》一〇円」の「かりんとう」を買った。「一〇匁《もんめ》一〇円」は「一〇匁《め》一〇円」に略されて、おはなさんは、「一〇匁《め》一〇円ね」と言って、私の大好物を覚えていた。そのことを聞いたばあちゃんは、一〇匁一〇円の愛嬌が気に入って、後々まで口癖にしていた。一〇匁一〇円のかりんとうは、有名な、隆々とした松の根っこの絵柄の缶に入った銘菓「かりんとう」にも引けをとらない香ばしい甘さだった。

おはなさんは、おはなさんのまま高齢で亡くなった。高齢になっても、おはなさんがおばあさんになったという認識は、近所の人々にもなかったと思う。

息子さんが継いだ「伊藤商店」は、開発の被害の少ない須賀町の雑貨店として「おはなさん」の面影を残している。

ポン煎餅

神社の近くのYというおやじさんは、小さな家作を貸家にし、「娘を進駐軍の屯する酒場で働かせて自分はブラブラしている」と近所から揶揄《やゆ》されていた。日中、自宅の前の路地に後手をして突っ立ったまま、せいぜい子どもたちに小言を言うくらいが仕事だった。もっとも、知恵遅れの次女照美ちゃんが、必ず同じ所にしゃがんでいたから、娘可愛さに無職を固持していたのかもしれない。

そのおやじさんが、玄関先に機械を置いて「ポン煎餅屋」を始めた。大きなプレスの機械の中で「ポン！　ポン！」と弾ける音がして、インドのナンを丸くしたようなうす甘い煎餅が出来上がる。パリパリとかるく食べられるから人気があったが、おやじさんの煎餅はよその煎餅より五円高かったのと、おやじさんのイメージは「食べ物屋」に向いてはいなかったから長くはつづかなかった。

私道の奥に、母親が建てた小さな借家に住む農協勤務の冗談好きな隣人Hさんがいた。自らを落語の主人公「地武太治部右衛門」と渾名していた。小雨の降りだした昼に、傘を握っていつもどおりしゃがんでいる照美ちゃんに声をかけた。

「照美ちゃん、雨が降ってきたよ」

「あたし、傘持ってるもん」

地武太氏はこの返答をこよなく愛していた。

「らくだ」がいた

「神田の金ちゃん」という与太者がいた。決して徒党を組まず一匹狼の与太者だった。天涯孤独と思われた金ちゃんの日常は、酔っ払って街をふらついているか、些細な犯罪で四谷署に留置されているか、どちらか二つに一つで、街をふらついていれば碌なことはないから、留置されている間は安堵している住人は多い。商店主、特に酒屋はそうに違いなかった。

ある時、私道を出た所に大八車の「ごみや」が止まった。ごみやは住民との約束で、角にあるごみを大八車に乗せて運んで行く、それが当り前の作業である。

私道の奥から、我が家のごみをばあちゃんが角まで運んだ。

この日は、ごみやには運が悪かった。手拭を首に巻いた酔っ払い、神田の金公が一部始終を見ていたのだ。小学校で私の父親の後輩にあたる金公には、金公なりの理屈があった。

「てめえは中川先生のごみを家の前まで取りに行かねえのか！　この野郎！　ごみやのくせにごみを取りに行かねえのかよお！　この野郎！」と、ごみやに殴りかかるような仕草で脅かした。

ごみやがおどおどしていると、金ちゃんは大八車の片方の輪止めを引き抜いて、車輪を足で思いっきり蹴っ飛ばした。二輪の大八車が一輪を失って横倒しになると、山になったごみ袋が道路にころがって、ごみが散々になった。ごみやは取り乱してただぺこぺこするだけだ。ごみやには悪いが、後年の寅さん映画の山場のような、取って置きの見世物になった。見物している子どもにも、普段通りの作業をしたごみやより金ちゃんの理屈の方が上のように思えた。

神田の金ちゃんはその数日後に、また、何かをやらかして四谷署に入った。その繰り返しはつづいていた。床屋を脅してただで刈らした坊主頭にも、顔や腕にも、必ずといっていいほど擦り傷を負っていた。ひと頃の勢いがなくなってからは、酔って、二本の足のどちらかをつっかい棒にして辛うじて立っていた。

与太者には、後に引けない意地がある。常に引けない性癖を背負って、しかも不器用なのだ。

金ちゃんはある時、本物のヤクザに切られて致命傷を負い死んだ。

「え？　金公が死んだ？　ありがてぇ」

酒屋の主人はそう言ったに違いない。そう思った人は多かったが、言うに言われぬ悲しみを感じた人も少なくなかった。

こんな禁治産者は今はもういない。

仙人たち

「都電が走る夢を見た」道路の左門町寄りの向かい側は、路肩から幾分下がった引っ込みになっていた。

そこから小道が二手に分かれて、こぢんまりした松巌寺へつづく山道と、右手の細い道は奥の二、三軒の家に通じていた。この引っ込みの少しばかりの地面の余裕は、この辺りの家と道路が接するだけの中にあって、箱庭の風情を醸し出していた。

引っ込みの左に面したMという男所帯の家は、玄関を年中開けっ放しにして、これ見よがしに大きな油絵がいくつも見えた。兄弟の弟が絵描きで、展示即売場のつもりだったのかも知れない。

弟と違って背の高い兄は、袴姿の剣術の師範といえば聞こえがいいが、顎髭を生やした不潔感のただよう乞食のような風体の男だった。大きな歩幅に併せてステッキを振りまわしながら歩く姿は異様で、しかも、背中に籠をしょって、臆面もなく「煙拾い」をしながら闊歩するから、大人に限らず子どもも訝ってながめていた。

M家には、多分兄の実子の女の子がいて、就学の年齢になっても学校に行かせず、小学校の担当者が説得に来ても、ついに登校することなく、家の外に姿を見せることもなかった。何事も世の中の所為《せい》にする「異端好き」の父親も、不思議なこのM家の兄のことを、「身勝手な国粋主義者」だと非難していた。

M家の隣のK家の主人は顔も体も大きな商社マンで、資本主義経済社会を否定する私の父親に「おたくは官学だが、うちは私学です」と、一流商社マンであることに胸を張っていた。二人の息子を自分と同じ「慶應義塾に進学させる」と宣言して、父親に似た長兄が付属に合格すると、喜悦を露わにした。

その隣はK家の親戚らしい女所帯の家で、よく似た岡目面《おかめづら》の母娘に一人っ子の男の子がいた。娘は戦争未亡人で、母娘は一人っ子が可愛くて、男の子の髪の毛を一本に編んで、頭の上でちょんちょりんを結んで女の子に仕立てていた。学校に通ってもしばらくこの格好だった栄養たっぷりの男の子は、格好とは無関係に物怖じしない性格で、ベーゴマとお人形さんごっこの両方を楽しんでいた。

同じ道路に面した石材店の石塔が倒れて、女の子が下敷になって死んだ。ずーっと奥の油揚坂の手前の、姉と同学年の女の子が日本脳炎に罹って五日間で死んだ。危険も疾病も、遊びと背中合わせにあったが、多くの子どもが、それらを元気にすり抜けていった。

おかあさんたち

子どもは、社会の仕来《しきた》りのすべてを、おかあさんを通して学ぶ。

過酷な時期を生き抜いていきた須賀町のおかあさんたちには、一種風格が具《そな》わっていた。私と同学年のN君の母親は、見るからにふくよかなおかあさんで、父親は戦後いち早く運輸会社を起こして成功していた。五男一女の一家は名実共に健全な家庭だったから、優秀な子どもたちが育っていた。医学、官庁、商社に進んだ兄たちにつづいて、六子四男のN君も、成績優秀、健康優良児に値する児童だった。N君の日常会話に、「おかあさん」の五文字が多かったように記憶する。N君一家の健全ぶりの表れだったと思う。

同じ同学年の、顔がおむすびのようだと「三角おむすび」と渾名されていたK君の家は、たぶん焼夷弾の落ちた跡地の空地の奥にあった。小柄な父親は制服を着て背筋を伸ばして出勤する消防官で、K君と弟は厳しく育てられていた。父親と対照的に大柄で優しい母親が、前掛けをして井戸水を漕いで汲み上げている様子が、道路から空地を通して見えた。K君の母親はよその子どもにも優しく接して、全てを家庭と近所づき合いに注いでいるように見えた。暫く経つとその空地に家が建って、K君の母親の前掛け姿も通行人から見えなくなった。

須賀神社の鳥居前の「Wガラス店」は、日長一日、間口一杯のガラス戸の玄関を開けっぱなしの家で、外を通る人が見るともなしに家の中を覗くと、側車付きの自転車が置いてある広い土間の奥の居間から、当たり前のようにおばさんが大きな声で挨拶をした。大口を開けて金歯が光るおばさんの、遠慮のない笑い声はあっ晴れだった。ガラス切りに見事な腕をもつ主人も快活な人だったから、三男一女の子どもたちもめっぽう明るく育っていた。

その頃、時代劇の影響か、子どもの世界に年下の子分をつくる風習（？）があった。私はWガラス店の三男・愛嬌のいいター坊を舎弟にしたつもりで、お年玉に五〇円札をあげたり、万世橋の鉄道博物館に連れて行ったり、兄貴風を気取った。おばさんに「いつもター坊をすみませんねぇ」と言われて、自分が大人と子どもの中間にいるような錯覚をして悦に入っていた。

N君の母親も、「三角おむすび」K君の母親も、Wガラス店のおばさんも、戦後の日本の肝っ玉おかあさんだった。

我が家のママは、少しずれて、「日本の母親」ではなかったから、ばあちゃんが「日本の祖母」を買って出ていたのだが、ばあちゃんもママに劣らず進歩的（？）な主張が強かったから、結句、我家は「日本の家庭」の概念にはまらなかったことになる。

蝉取り

四谷の自然は墓場の樹木と深い関わりがあった。

寺の多い須賀町は蝉取りにはこと欠かない。ジージー蝉とミンミン蝉は、梅雨明けからほぼ一月半、煩《うるさ》いほど啼いた。ジージー蝉は湿気を含んだ暑さに相応しく啼き、ミンミン蝉は灼熱の暑さを称えるかのように啼いた。蝉の王様・立派な熊蝉だけがめったに姿を見せず、昆虫図鑑の絵を羨望の眼差しで見た。

いくつもある寺には、子どもの遊び場に寛容な寺と、竹竿をもった子どもの姿を見ると声を荒らげる和尚の寺があったが、要領のいい子どもたちは時間帯を分けてうまく獲物を追った。蝉取りは、竹竿の長さと背伸びした身長と俊敏な動作を競う競技である。網よりも「採りもち」の方が捌《さば》きが楽だったが、もちで採ると折角の羽根が痛んだり、竹竿の先が振れてもちが衣服について困惑した。

小柄できれいなヒグラシが啼き始めると、夏休みも終わりに近づいた。

蝶もバッタもクワガタもカブトムシもいた。それほどの苦労なく採れたし、ましてカブトムシに金銭的な価値などなかったから、朝駆けでカブトムシを独占する親子などいるはずもなかった。美しい「玉虫」は目線の位置で手でつまむことができた。傷をつけずに採集できた玉虫が、母親の手芸で簡単に姉の帯留めになって誇りに思ったことがあった。

父親が小学生の時に昆虫採集に使った小さな桐の箱があった。そこには辛うじて保存されている干からびた蝶々の標本があった。明治・大正の子どもも四谷の墓地を駆け回っていたことになる。

映画会

夏の夜に、左門町に近い「本性寺」で子どものための映画会があった。

「若人クラブ」という、この近辺の青年たちが無党派で集まった団体が主催した。復興期の子どもたちに文化的な楽しみを与えようと、職業、学歴、家庭背景がバラバラな同世代の青年が、それぞれが得意の持ち駒を持って活動した。

映画は16ミリだから、映画会というより映写会という方が当たっていたかもしれない。暗くなってもまだ蒸すような真夏の本堂の広間に、やぶ蚊が絶えることなく、半ズボンから出た足を叩いたり掻いたりしながら、壁際に立ったうす暗いスクリーンに映る動画を見つめていた。

アニメーションという外来語がなかった時代で、初めて見るスクリーンに雨が降り、スピーカーからも雨音のようなビビリ音が聞こえた。何の映画だったか、何本立てだったか定かでないが、漫画映画の「串本節」で、「ここは串本　向かいは大島　中を取り持つ巡航船」の後の「あら、よーいしょ、よいしょ、よーいしょよいしょ」の囃子言葉に合わせて、鯛の軍団が船底を鼻先で持ち上げる踊りが愉快で忘れられなかった。赤い鯛のような記憶があるからカラーフィルムだったのかもしれないが、あるいは白黒の漫画かも知れない。

本性寺の並びの二つの寺の表通りに近い「正覚寺」の若い和尚は、若人クラブのリーダーの一人で、父親の和尚が千葉県小湊の誕生寺の住職を務めていたから、夏休みに四谷の子どもたちを誕生寺に招待して合宿をさせてくれたことがあった。

家族旅行など考えられない時代に、修学旅行のような合宿は、参加した子どもたちの脳裏に最大級の想い出を焼き付けた。合宿に参加できた姉が帰ってくると、歳のいかない私と妹に「お寺の広間でダンスを習ったのよ」と盛んに楽しい思い出を語るので、二人には小湊は憧れの地になった。

後年、小湊の鯛の浦を船で巡り、船底を叩くと群がってくる本物の鯛を見物する機会があった。大人が喜ぶ観光の目玉に、漫画映画の串本節の鯛の踊りが蘇った。

自転車

自転車は有力な運搬車両で、趣味や遊びで乗るものではなかったから、自分用の自転車を持っている子どもは皆無だった。

左門町の大通りに面したM自転車店には、販売・修理の余技のような「貸し自転車」があった。

日曜日の朝八時、朝ご飯もそこそこにM自転車店に駆けつける。少し遅れれば一三インチの豆自転車は他の子どもが乗って行った後で、その子どもが帰ってくる一時間か、場合によっては二時間後まで待たなければならない。

一時間一〇円の貸し豆自転車は、ペダルをこぐ円周と一三インチの輪がほぼ同じ大きさだから、子どもの足の回転と車輪の回転が同じように見える。よろけるくらいに懸命にこいでもスピードのつかない黄色い豆自転車はたったの一台で、小さな子どもが奪い合いをした。

子ども用の自転車を卒業すると、大人の自転車を「三角乗り」にする。自転車の片側から一方の足を反対側のペダルにかけて、体も自転車も傾斜して走る。この姿勢ではペダルは一周できないから、ジーコジーコと音をさせて小刻みにこいだ。

M自転車店の向かいのH自転車店は貸し自転車には熱心でなく、上等品を売っている様子の傲慢さがあったが、主が父親と少し通じるところがあって、上級生になって二〇インチの中古自転車を注文した。中古だからフレームの色を塗り直して、タイヤとブレーキを新しくしてくれる。色は好みの「青」を希望して、仕上がるまでの数日間、下校時に毎日通って再生途中の自転車を眺めた。

週末に近い木曜日に、真っ青に化粧された自転車を、主が「さあ、出来上がったよっ！」と自慢をして渡してくれた。ばあちゃんから貰った七〇〇〇円を払い、暗くなるまで乗り回した。主が自慢する割には、塗装前の鉄のパイプの磨きがいい加減なせいかペンキの跡が凸凹していたが、それでも初めての自家用車は、踏み込むと輪が快調にアスファルトを捉えて満足した。

青い自転車から一〇年ほど経って、左門町の一杯飲み屋に通い始めた頃、一〇年老けたH自転車店の主と出会った。小腹の出た色白の主が、赤くなった顔でうれしそうに私に話しかけてきた。

「お父さんには世話になったよ、税金闘争でね」。

自動車

「自動車」の名称から自動を省略して、「クルマ」という普通名詞が呼称になったのはいつの頃からだろうか？

自動車は「じどうしゃ」で、子どもにとってはバス以外は見るだけの憧れだった。乗りたくてもその機会は年に一度か二度のことで、自動車に憧れた私は、その頃に乗った自動車の車種と回数をほとんど記憶しているかもしれない。

昭和三〇年五月、日比谷公園の「第二回全日本自動車ショー」に、「若二」に住む池田さんが連れて行ってくれた。池田さんは、四谷細胞に出入りする党員で、「ゆーじん」（池田勇人）と渾名され、「山口自転車」の職工をしていた。非番になるとやってきて、何の用事があるという訳ではない、ばあちゃんの茶飲み友達の一人で、ばあちゃんの蘊蓄《うんちく》に、頷きながら聞いていた一人なのである。

自動車ショーには、ダットサンやオオタ、トヨペットなど、目玉（ライト）の飛び出している昔の自動車から脱皮した自動車が並んでいたが、いかにも頑丈そうで、堂々と走る大きなアメリカのクルマに比べれば、非力なエンジンが重そうなボディーに勝てないように見えた。

そんな中で、一際、軽快そうな軽自動車、小さなブリキのボディーにスポークのある車輪を付けた「フライング・フェザー」に魅せられた。ボディー・フレームの梁が見ただけで解る、キャンパストップの二人乗り自動車は、その名のとおり軽そうだった。後に四谷で見かけたフライング・フェザーの、バラバラというエンジン音の走りは忘れられない。

初めて乗った自動車は、「ダットサン・フェートン1936年型」である。坂町の製本屋の梶田さんが、免許証を取得する前にもかかわらず「滋ちゃんいるかい？　内緒だよ」といって、ダットサン・フェートンを、私道を出た所まで乗りつけて乗せてくれた。ダットサンは全身を震わせながら「若二」へ油揚坂を下った。クルマともドライブともいわない時代である。

七万円もしたダットサン・フェートンは、四谷第六小学校の校門の前の道路が下ってカーブする所に家があった土屋さんからの借り物で、梶田さんは日本共産党四谷細胞所属、土屋さんはシンパという間柄だった。自営業の土屋さんは自動車にロマンを追っていたのだろう、暫くしてダットサンを大きなパッカードに代えた。

学校の行き帰りに、坂道の角の平らでない車庫に、斜になって停車しているパッカードを眺めた。共産党のシンパの人が、いくら古くてもパッカードの所有者になったのが不思議で、母親に「土屋さんはお大尽なのか？」と聞いたことがあった。

「ゆーじん」さんが、「自分が頼めば工場長がオートバイを貸してくれる」といって、会社のオートバイを借りてきて、うしろに乗せてくれた。人力でない小さなオートバイの後に掴まって近所を走ってもらうと、運転への憧れが膨らんだ。

しばらくすると、「マルワイ号・60ＣＣ」を乗ってきて、中学生の私に「乗ってみろ」と言った。憧れのサドルに跨って、アクセルとクラッチとブレーキを教わって、クランクを散々踏んでようやくエンジンがかかると、ギクシャクしながら走った。握ったアクセル・グリップを回すと、乗車したままの身体が宙に浮くように前進する。私道の角を左折して、左門町からの道路を少し走って、勝興寺の角を左折して須賀神社の男段の上まで来た。アクセルとクラッチの操作だけで到達して、初めてブレーキを使う段になってあわてて操作ができず、クラッチを握ったまま男段を数段落ちて、左の壁に衝突してかすり傷程度を負った。

想像に違わないエンジンの力は、人力では到底敵《かな》うものではないことを体感した。

男性の幼児性を、梶田さんも、土屋さんも、「ゆーじん」さんも持ち合わせていた。自動車・オートバイのことになると夢中だった。男子の乗り物への憧れは、平等な人間社会への夢と共通であったのかもしれない。

タクシー

ばあちゃんは、相撲や演劇に連れて行ってくれた。「エノケンのアリババ」でエノケンが「アーリーバーバ、アーリーバーバ」と低音で繰り返して、上手から下手へ移動する抜き足差し足の不気味さが印象にある。

共立講堂の芝居は何であったか。雨の降る日で、芝居が跳ねて神保町でタクシーをつかまえることになった。タクシーが頻繁に走ってくる中で、日本の乗用車第一号の「オオタ」にどうしても乗ってみたくて、ばあちゃんが「寒い寒い」と急くのをきかずに待った。

二〇分くらい待ったが「オオタ」は姿を見せず、仕方がなく飴色の「ダットサン・デラックス・セダン」に乗った。チャンスを逃して、それ以降もオオタに乗るチャンスがなかったから、小太りの重そうなオオタの乗り心地は想像するばかりで、今でも（?）悔しい。

ばあちゃんと一緒に、東京駅の八重洲口から丸の内側まで木炭自動車のタクシーに乗った。ガードをくぐって反対側に行っただけだから、ばあちゃんが目的地までの距離も分からずに乗ったのだろう。偶然に乗った小型の木炭車は、運転手も木炭車に負けず劣らずの年配者で、煙を吐いて唸りながら徐行するように、東京駅の周りを半周した。曇り空に煙をはいて、東京駅も遊園地の駅舎に化けた。

お祭り――ストリップ見物

須賀神社の西の端の男段は、急な勾配にもかかわらず通行は多い。

女段は、境内と公園の結び目から北側に墓場を見て下り、少し食い違った踊り場の脇に共同便所もあって、男段に比べるとずーっと陰気だ。事実、昭和二七年頃に、その便所で若い女性の死体が見つかってから通行の頻度が減った。

公園には、境内に近い南側の道路からの入り口もあり、そこを入った所に、黒い、大人の背丈の数倍もある忠魂碑が立っていた。

碑の裏側には、「日清・日露戦争・太平洋戦争の軍人と従軍看護婦と、戦災によって犠牲になった氏子・住民を奉っています。昭和二十五年十一月吉日、忠魂碑を慰霊碑として建立、徳川宗敬書」とあって、黒光りする大きな碑は、一見、反戦を謳った碑のようにも思えるが、本質は犠牲者を称え奉って「神の国・日本」の権威を主張する御柱であった。その非現代的な主張のせいか、あるいは単純に転倒を恐れてか、現在は神殿の奥にお隠れになっている。

女段の踊り場を除いて、須賀神社は陰気どころか子どもたちにとっては日の暮れるまで走りまわる格好の公園である。

公園の地べたに凸凹はなく、中央に走っている石畳も、三塁なしのツーベース野球のスペースの区切りになって便利だった。北側の潅木の多い段だらな小道の辺りにボールが逃げ込むと、ツーベース野球は一時中断したが、玉拾いも子どもにとって野球の一部に違いなかった。

広過ぎず親しみ易い公園で、幼児は南側の角のブランコと砂場で遊び、小学生は草野球に興じ、大人の通行人は石畳の上を行き過ぎていった。

須賀神社の圧巻は、正月、節分の豆まき、六月の祭り、一〇月と一一月のお酉様と七五三で、中でも、お酉様と夏祭りは賑やかだ。

二の酉、あるいは三の酉まであるお酉様の夜の人出は相当なもので、「お酉様はここだけだ」と思っていたから、後年、花園神社のお酉様に行って「須賀神社以外のお酉様」の存在に驚いたくらいだ。大型の熊手が売れて「シャンシャンシャン」の掛け声は威勢がいい。寒くなる三の酉の終わる時刻には、「来年までか……」と心底名残りを惜しんだ。

夏の神輿は威勢がいい。

昭和二六年頃の大祭は、新宿区内のすべての神輿が集まって、大小三五基の神輿が日の暮れた須賀神社の男段を上がって来た。四谷の大通りから揺れ動く神輿の明りがうねって来た。境内にある神楽殿で、おかめとひょっとこが踊っている、漫才や物まねをやっている、歌謡曲の歌手が切々と歌っている。

公園には溢れるほどの夜店が並んで、数えれば数百にもなるだろう裸電球の明かりが、射的も、電気飴も、かき氷も、ヨーヨーも、金魚すくいも、隈なく照らしている。石畳の通路に面して並んだ夜店のテントは、大きく口を開けて浴衣姿の親子づれを飲み込んでいる。石畳から外れた夜店には、鋭い炎が交差するカーバイトのダブルバーナーの鈍い明かりが特有の匂いを放って、祭りの裏通りに相応しい。

祭りの公園に「ストリップ小屋」が建ったことがあった。小屋といっても骨組み以外はテントで、風に旗向きながら外と中を仕切っている。三人の小学六年生が何やら知らずに券を買って入った。客席に敷いた茣蓙に座ると、下の石ころがゴチゴチするのを感じながらステージを見る。

レコードに合わせて踊っている裸の女が、袖から聞こえる「ヘーイ、ヘイ！」という男の掛け声に「ホーイ、ホイ！」と答えている。レコードを操っているのは、踊り子の亭主か、別の踊り子の亭主だろう、「ホーイ、ホイ！」と答えている様子が、いかにも夫婦か、知り合いの返事のようだ。裸といっても、海水パンツを履いたような格好で、まだ女湯にも入る子どもにとっては珍しくもない。パンツ一丁でにやにやしながら踊っているのも妙だし、「ホーイ、ホイ！」と答えるのも不思議に思えるだけだった。

それよりも、変なおやじが、舞台に置いてある木の箱に結びつけた紐の先の五円玉を、瞼をこじ開けて両瞼に挟んで、箱を引いて歩く姿が忘れ難い。眼で引いているから、手と口は空いていて、「拍手うっー！」と言って、自分も拍手する。

翌日の興業から「子どもお断り」の札がかかった。

三、四日の興業が終わって、二夫婦か三夫婦の座員がテント小屋を取りこわした。退散した後に、楽屋があった辺りにバケツほどの穴が開いていた。中の土が黄色く染まっていたようだった。

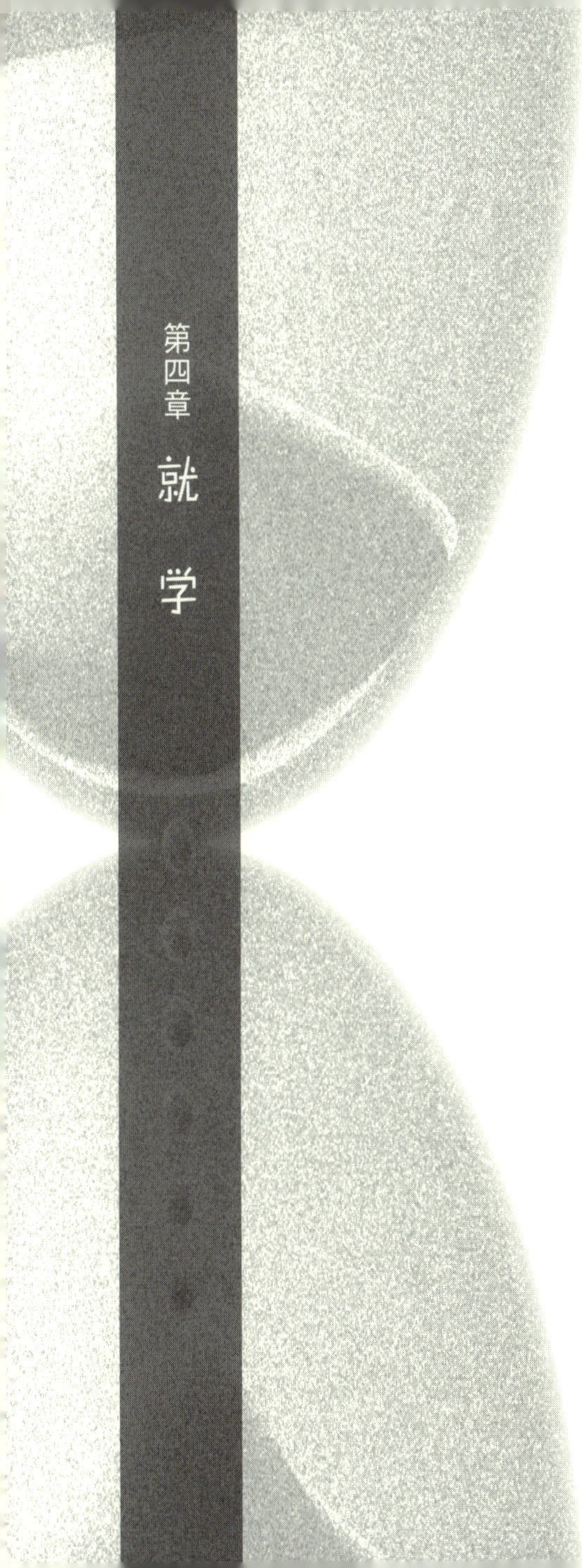

第四章　就学

一年一組

ほとんどの子どもに幼稚園の経験はなかったから、小学校の入学は家庭の中から社会に出る初めての区切りであった。

昭和二三年四月一日は、開戦を挟んで生まれた児童の入学の日である。新宿区立四谷第六小学校一年一組の入学式当日の記念写真には、それぞれの顔にこれから集団の生活が始まる特別な日の緊張感が見える。正門の前に並んだ小さな椅子の最前列真ん中の先生を囲んで、半ズボンとセラー服の全員が眩しそうにしている。両手を五本とも膝の上で開いて踏ん張っている子、口が開きっぱなしの子、妙に顔をひん曲げている子、後には、当時の流行なのか大きな襟のスーツを着た数人の母親が並んでいる。

前日まで家の外で一日中遊んでいた子どもたちが、この日から、同じ年齢のしかも男女がほとんど同数の子どもだけで、教室という部屋で毎日を過ごすことになる。通学区域は内藤、大京、信濃、霞ヶ丘、南元、左門、須賀の各町で、家庭の事情もバラバラな子どもたちだった。

四谷第六小学校の校舎は、木造三階建のコの字型の校舎と、南側の体育館が、長方形のコンクリートの校庭を囲んでいた。西側の校舎は、戦災で校舎を失った四谷第一小学校が間借りをしていた。父親の通った学校でもある第一小学校は「若二」の甲州街道に近い高台にあった。生徒の通学圏は、より恵まれていない区域だったから、大家の第六小学校の生徒とは、身に着けている物も違っていた。生活圏の違う二つの学校の生徒は、睨み合ったりもしたが、二年ほどで元の「若二」に新校舎が完成して移転していった。

まだ土のある時代に、校庭が一〇〇パーセントコンクリートだったのは、水捌けのためだったのか、それとも教室に泥を運ばれるのを避けるためなのか、都会の学校は清潔ではあっても子どもの体に優しくはなかった。

東側校舎二階の角の図工教室の下が正門で、そこを抜けて、右手の一階手前の教室が一年一組だった。少し慣れると教室の前の校庭で相撲を取って、転んだ拍子にコンクリートの階段に前歯をぶつけて欠いた。成長が遅かったのか、永久歯ではなかったようだったが、新米小学生は泣いたり喚いたりの毎日だった。

身体検査は、男の子も女の子も賑やかに衛生室に屯《たむろ》する。銭湯で男女どっちの湯でも入る時分だから、どの子もパンツ一つになって騒いでいる。同じ町内のチビのS君が、体重計の前で「中川君、パンツ脱ぐのかなぁ?」と聞いてきた。

「当り前じゃないか、脱がなきゃ計れないだろう」

S君がスルスルと脱ぐと、衛生の森先生があわてて、

「駄目よ！　パンツなんか脱いじゃぁ」

S君は途方にくれて、体につりあった小さな穂先を隠すこともしなかった。

秋の学芸会で「踏切番のおじいさん」になった。体育館の高い舞台に同級生が全員上がった。横向きに一列に並んで、二本の長い綱を両手に持って汽車になって歌いながら舞台を廻った。

「ガッタンポッポ、ガッタンポ、お菓子の汽車が走ります、お釜は丸い唐饅頭、黒い煙は飴ん棒」

歌が終わると行進も止まって、「踏切番のおじいさん、ごくろうさん」と大きな声で言う。「お年寄りを敬う」修身教育劇（?）だったのだろうか。

冬になると、内藤町のKという丸顔の女の子が、衿《えり》に茶色の毛のある黒いコートを着て通学してきた。須賀町では、この茶色の毛の衿は見たことがなかったし、子どものくせに外国の映画女優みたいなコートを着ていたので、気になってチラチラと盗み見をすると、こっちにチラリを返してくるようで、チラリの余韻がいつまでも残った。三学期の終わりに、親の転勤でどこかへ行ってしまったが、丸顔と衿の毛のふわふわは、区立の小学校には相応しくない上流家庭の証拠のような印象が残って、これが初恋だったという気がする。

もっとも、二年になってからは可愛い美人のSさんに憧れて、上顎の内側を舌の先でくるくる回しているような仕草をする笑顔が目に焼きついているから、こちらがはっきりした初恋かもしれない。

通学路

我が家から四谷第六小学校までの道のりは子どもの足で一五分。左門町から電車通りを行くか、左門町から来る通りの石屋の角を右に狭くて長い坂を途中まで下って、「若三」の沼地公園を見下ろしながら巡る裏通りを行くか、二とおりあった。入学当初は上級生に引率されて、新しいランドセルの群れは表通りを行進したが、数ヶ月経って引率者もいなくなり、ブラブラと雑談をしながら通学できるようになると裏通りを行った。

沼地公園を見下ろす道が終わる高台に、三軒の立派な家が建った。沼地公園の東に犇《ひしめ》いている「若三」の家並みとは、全く趣を異にしていた。家が建てられるといっても万やむを得ずの改築程度だったから、新築の大きな家が建ったのは驚きで、その家の一歳下の子どもが同じ第六小学校に通い始めたのを不思議に思った。関西から越してきた商家で、戦後のドサクサからいち早く立ち上がったのは、この地域では見かけない人々だったのだ。

新築の家から先の信濃町の裏通りは、通行の少ない深閑とした屋敷町だった。父親に用事を言いつかって二、三度届け物に行ったこともある文士・長田幹彦の家があった。少し行くと、後に首相になった池田勇人、初代電源開発総裁の高崎達之助、後の立教大学総長・松下正寿の屋敷もあった。

後年、バレー部に入って活発に学生生活を送っていた姉が、この裏通りで痴漢に襲われ、大きな声を出して逆に男を追っかけた、我が家にとっては曰くの通りでもある。

信濃町に近い蔦《つた》に覆われた教会を右に行くと、都電通りに出た。通りに面した「F理髪店」の主人が宗教政党の区会議員から、後年、その党の最高顧問になった。この地域がこの宗教団体のメッカになると想像した人が、はたしていただろうか？

都電と泉岳寺詣

「左門町」の都電の信濃町に向かう停留所に立つと、右に、終点「塩町」の一段高くなった石のプラットホームが見える。ちなみに向かいの停留所は、わずか数百メートルで終点だから、下車することはあっても待つことはまずはない。

「塩町」から7番の「品川行」と33番の「浜松町行」が走っていた。二つの路線は信濃町から青山一丁目までは変わらず、その先を二つに分岐して行く。「品川行」は墓地下から、ペンペン草のはびこる線路をカッタンコットンのリズムに乗って魚監坂、泉岳寺へ向かう。「浜松町行」は、人の疎らな防衛庁付近と大使館の多い六本木界隈を経由していった。

どっちの路線も、終点「塩町」に戻ってきて乗客を下ろすと、車両がもう一度動いて、石のホームを行き過ぎて線路が途切れる前で停車する。すぐにパンタグラフが大きな弧を描いてゆっくりと数回バウンドしながら向きを変えて、反対方向への進行に備える。至極簡単だが、国電に例えれば機関区に当たる作業だ。その動きは、左門町から厳かな儀式のように見えた。

「忠臣蔵」は史実と脚色と宣伝の三拍子が揃った傑作だが、戦後の子どもたちにも人気だった。「鞍馬天狗」や「笛吹き童子」と比較すれば、大人の真剣な世界があり、うまみに作り上げられた忠誠心は子ども心も打った。四十七士のエピソードを知るとそれぞれが贔屓《ひいき》の士を決めた。

小学校一年の数人が7番に乗って泉岳寺へ詣でた。大きな大石内蔵助の墓の周りに四十七士の墓が囲っている。堀部弥兵衛、大高源吾、小野寺十内、大石主税と、贔屓の士の墓の前で手を合わせた。いずれの浪士も主君の仇を討った正義の士なのである。参道に並ぶ土産物屋で買った「大石刀」を、帰りの7番の車中で、電気屋の長男O君と引き合って左手の親指の腹を

切った。半世紀以上経った今も傷跡が指紋を分けて見える。

信濃町へ向かって通りの右側は、自転車屋、米屋、電気屋、肉屋、すし屋の並びから、少し引っこんだ文学座、大きな東電病院の向こうは慶応病院の敷地である。左側は、角の果物屋から、ガラス屋、自転車屋、そば屋、甘味屋、旅館、ラビット・スクーター、魚屋、中華料理屋、教会、床屋、郵便局、パン屋、中華料理屋が並び、寝台自動車会社のある駅前につづく。

後年、左門町と信濃町の中間で偶然一時停止した都電の運転手に、同級生の女の子の父親で大学の英語教師のI先生が「ここで下ろせ」と言った。I先生は、カイゼル髭を生やした、袴を付ければ、当時テレビで一世を風靡した英語教師の「五十嵐先生」にも引けを取らない、そのまま明治に戻ることができる風体をしていた。風呂敷包みを抱えて「ここで下ろせ！　郵便局に行くんだ」

と語気を荒げたので、運転手も「触らぬ神に……」と判断したのかドアを開けた。先生は礼の代わりに独り言をぶつぶつ言いながら郵便局に直行した。

7番は、遠く、父親の「大井町通い」の路線でもあった。

ストレプトマイシンと共産党

澪子からうんと離れて、三女・波子が誕生した。父親の結核に気づかって育てられた三人から何年も経っていたため、「もういいだろう」と両親と川の字に寝たのが原因で、昭和二二年一一月、小児結核で一歳の誕生日の前日に死んだ。戦争は終わったが生活の困窮は止まるところを知らない、二軒の家の処分の頃である。母親は、以降三年間を泣き続けた、という。死ぬ一月前、色白の赤ん坊だった波子に筆箱をいたずらされて、私が猛烈に怒ると、波子は火のついたように泣いた。これは私の子ども心に深い後悔を残した。

両親は末娘の波子を亡くしてから、小児結核には神経を尖らせていた。私は小学校に入ってすぐのレントゲンで「影がある」といわれて、慶応の医学部時代から四谷細胞に出入りしていた新進の医者に相談すると、就学を一年送らせたらと言われたが、様子を見ながら通学して事なきを得た。ばあちゃんは「あの医者はやぶだ」を数年にわたって慣用句にしていた。

アデノイドの手術を内藤町のT耳鼻咽喉科で受けた。同学年三組の女の子の母親でもある女子医大出のT先生は、共産党のシンパで特に入魂の間柄であったから、母親は鼻をクンクンさせている私を連れて行き、念入りに質問した。T先生に「鼻をかみ過ぎて鼓膜が少し引っ込んでいる」と言われると、「そうよ、鼻が悪いからじっとしていられないのよ」と、机の前に座っていられない落ち着かない子どもを、「鼻のせいだ」と決めつけた。

アデノイドだけでは飽きたらず（？）肥厚性鼻炎の手術を、やはり細胞会議の常連だった鬼子母神の耳鼻咽喉科で受けた。この耳鼻咽喉科は立派な洋館建ての個人病院だったから、二代目か三代目の院長が「赤」に染まったのかも知れない。上顎にこびり付いたガーゼを剥がす痛みは今でも恐ろしい。後年になって、この手術も受けないでもよかった、と言われたことがあるから、これも医学の進歩を信ずる両親が息子に与えた考えすぎの愛情だったのかもしれない。

同じ一組の小柄なK君は、英語学者を父親に持ち勉強ができた。母親は肌をすべすべさせた美人で、教育熱心なのは父兄参観などでも目立った。K君は成績向上に上気気味で、アゴをしゃくり上げてものを言うから、家庭環境の難しい餓鬼大将のT君が、「Kっ！」と怒鳴ってはいじめた。T君には、K君の母親のイメージから想像する幸福な家庭に対してのヤッカミもあったかも知れない。

そのK君の母親が「親戚に結核患者がいてストレプトマイシンが欲しいのだが手に入らない。聞くところによると、共産党の人には手に入るルートがあるというが、何とかしてもらえないものか？」と訪ねてきたことがあった。両親は笑って「共産党だからストレプトマイシンを使っているのではありません。結核なので医者が使っているのです」と返答した。

「細胞」という言語は本来医学用語なのだろうか？　どういう訳か、「党の細胞」は、何故かひそひそと大切にささやかれた。

「お父さんとこへ、この頃、みんなで集まってるかい？」

Nという特高がちょくちょくやって来た。Nは父親と直接顔が会うと、その度に質問をはぐらかされて、少し照れたような風をして帰っていった。N特高の長男は同学年三組で、「親父がよく君の家に行く、と言ってるよ」と、うれしそうに言った。

その頃のある早朝、「鶴の湯」の近くに住む父親の妹の上原家に、ジープを七台連ねた「家宅捜査」が来たという。GHQによる仰々しい家宅捜査は、「赤ボスの兄が妹に危険思想関連の何かを預けてあるだろう」という単純なもので、土足で家に入った警官は、何も探せずに帰ったという。

「赤」側から「政府の犬」と言われた所以である。

首切り反対！

戦後の教育界にあって、左翼思想を懐く教員は、子どもの教育ばかりでなく、戦後も生活の方向を決めかねている家庭・父母に対して、新しい思想・考え方を訴え続けていた。

一年一組の担任の石橋勝治先生は細胞会議の論客で、偶然か、あるいは示し合わせてか、私は四組あるうちの一組に入った。

石橋先生の情熱は並大抵ではなかった。「さいた　さいた　さくらがさいた」を教育とは考えていなかった。民主教育、学級経営という考え方を掲げ、特に社会科の授業を重視して、子どもたちに大人の社会、家庭内の問題などを積極的に考え、討論させることを授業にした。その結果を、一学年を終了する前に『一年生の教室記録』として出版した。石橋勝治著・父親の社会書房刊行で、社会科の授業内容を中心に、税金で困窮する家庭を訴える子どもたちの作文など、子どもの絵をふんだんに入れた本は教育界にセンセーションを巻き起こした。

ポツダム宣言とともに日本に民主制を引いたマッカーサーは、方向転換をしてアカ狩りに走った。日本の将来に最も重要な教育に携わる人々から、社会主義・共産主義者を徹底的に排除するレッド・パージを実行した。

四谷地区の小学校でも、石橋先生はじめ数人の教員が挙げられた。

「首切り」には大きな反対運動が起こっていたにもかかわらず、二年一組に進級して間もなく、石橋先生は失職した。一組の父兄、といっても私の母親が中心になっていたが、その引率によって生徒たちも新宿区役所に陳情した。「石橋先生の首切り反対！」のプラカードを掲げて区役所の廊下を、先生の腕にぶらさがった生徒の写真は、戦後教育界の重要なシーンにもなった。

首切りにあった先生には、前述の映画界に転身した奈良先生あり、共産党本部に勤務する男性と結婚してチェコスロバキアで文化事業に携わった井出先生あり、自宅で絵画教室を開くことで意図する教育を続けた岩上先生あり、勇気あるエネルーギーは社会の各分野に散っていった。

石橋先生は、しばらく父親の印刷の仕事に携わったが、企業家精神も旺盛で、「政府が許さないのなら、自分の力で考えどおりの教育をやろう」と「日本標準テスト」を立ち上げて、全国の小・中学校に、採点して返却するユニークなテストを持ち込んで大成功をした。荻窪に本社ビルを建て、自らを「杉並共産党」と称して「代々木」の指示は受けない自主自尊の活動だと胸を張った。

昭和五〇年代に、先生は教育界に貢献した由で天皇陛下より叙勲を受けた。東京プリンスホテルの祝賀会場で、先生は「全く不本意であるが、順番だから貰わないと貰いたい次の人に迷惑がかかるので」と特徴ある岩手弁で弁解の挨拶をした。私は小学校の教え子を代表して「先生の場合の叙勲の叙は、コザト編（除）ではないか？」と言って笑いをもらった。

二年一組の担任は、長野県から転勤してきた川上潔先生になった。どういう訳か、父親は川上先生に「赤旗」を毎日届けさせた。「ハハーン、教育をしているのだな」と、聞きかじりの小学生は生意気に考えていた。

成人してからのクラス会で、石橋先生から「退任するにあたり、当時の長谷山校長に『後任は、思想を同じくする教師であること』を約束させて、川上君が来たんだよ」という事実を聞いた。音楽の先生であった長谷山校長は左翼思想を理解するシンパで、後に西戸山小学校に転勤した。教頭から昇格した後任の関校長は保守主義者だった。退官後、麹町に「東京標準テスト」を立ち上げたが、「東京標準テスト」の教育方針が「日本標準テスト」のそれと如何に異なっていたのかは定かでない。

川上先生は、治安維持法下の長野県の「赤化事件」で入獄し、転向を表にしていた秘めた熱血漢であった。教室で屡々生徒に歌って聞かせた、戦後過ごした捕虜の時代を思い出して歌う「インドネシヤ・ラヤー、インドネシヤ・ラヤー……」の張りのある声は、石橋先生の「社会科直接指導」とは別の、平和への教育だった。

レッドパージを辛うじて受けずに勤務を続けていたハンサムな池田先生が、若くして病死した。体育館で行われた追悼会で、六年生の隣家の優秀な山本いつ子さんが追悼文を読んだ。「眼鏡の奥の細い目で……」、先生の優しい面差しが子どもたちの涙を誘った。

映画出演

戦前、「新築地劇場」後援会副会長であった父親のところへは、日本共産党四谷細胞に参集する人々と同じように、役者、元役者、演出希望者が出入りしていた。

川崎保という映画俳優が数泊したことがあった。「きけ！わだつみの声」に二等兵役で出演した二枚目で、何故、数泊したのか不明だが、あるいはその筋の誰かに頼まれて匿ったのかもしれない。川崎さんは、我が家を出てから間もなく、ロシアへ逃亡したと聞いた。岡田嘉子さんのもとに辿り着いたのだろうか？

革命と演劇にかけた青年も俳優なら、個性で押し通した関西人も俳優であった。

大阪の俳優・谷晃さんもその一人で、両親が仲人をして母親の妹の親友と結婚した。役者魂のあふれる、何事にも遠慮のない人柄で、ばあちゃんはそういう職業柄の特権を認める癖があった。

ある日、母親が帰宅すると、「谷さんが来て、お金を貸してくれというから、ママの着物を質屋へ持っていって貸したよ」と澄まして言った。母親は、ばあちゃん一流の「人は平等、他人のものも自分の物」なのだと、さしたる疑問を持たずに納得した。

谷さんは、京都の撮影所の仕事が終わってギャラが入ると家にやってきて、三人の子どもを連れて新宿のデパートの食品売り場で派手に買い物をして、祖師ヶ谷大蔵の自宅で上等な「すき焼き」をご馳走してくれた。

ギャラを使い果たすと暫く姿を見せない谷さんを、ばあちゃんは「役者らしい」と言って芸人の肩を持った。脇役に徹していた谷さんは、東劇の舞台で山下清の「裸の大将」を演じて、帆掛け舟からチラリと見え隠れする、と当たり役をとった。後に、仕事ができない体になると自ら命を絶った。

映画界の美術担当になった奈良先生が、小学校二年の私を映画の子役審査に連れて行った。

小田急沿線にあった新東宝の撮影所に、十数人の子どもと「劇団〇〇」の引率者が屯していた。後に大手タレント養成所になった「劇団〇〇」は、その頃のベンチャービジネスで、子役のスターを目指す親子に映画撮影現場の実地授業をして、芸能界に進出し始めていた。

審査といっても特に試験らしきものはなく、内川精一郎助監督が、屯している子どもに向かって、「中川君！　ちょっとこっちを向いて！」と言った。私は「ハイ！」と返事をしたが、それが試験だったのだろうか、合格した。内川助監督は、翌年『西鶴一代女』で溝口健二監督の暴君ぶりに反抗して途中降板し、以降、京都・東京で多くの評判作品を撮った監督である。

映画は、大スター笠置シヅ子が紙芝居屋になって、「名探偵のポン吉クン……」と、歌で子どもの人気を集めると、日守新一扮する同業のおやじさんが商売にならずに逃げ出すという単純なストーリーで、私の役は、清川玉枝扮する祖母と温泉に湯治に行く田舎の子どもだった。当時の「キネマ旬報」の評をみると、「清水宏ともあろう監督が、こんな愚作を撮ったとは！」と、酷評である。「蜂の巣の子どもたち」をはじめ、生涯に五百本を超える映画を撮った名監督の一本であった。

伊豆・湯ヶ島温泉で七日間のロケを張った。借り切った旅館の洋間から、毎朝、笠置シヅ子さんの発声練習が聞こえてきた。旅館からバスが出る時は、映画俳優を追っかける野次馬と子どもが群がっていた。一世を風靡した大スターは、すでにデビューして評判をとり始めていた美空ひばりさんを「まだ小娘や……」と、「劇団〇〇」の先生に吐露していた。

ロケは、スタッフが川に即席に架けた材木の橋の上と、その近所の旅館で行われた。村人の入る公衆温泉場での撮影もあったが、どこでも野次馬で溢れた。ロケ地に、私を一人では置いておけないばあちゃんが同伴して、同伴は二日間だけの約束が、ばあちゃんがどうしても帰れずに最後まで付き添うと、プロ意識で子どもを派遣している「劇団〇〇」の先生が罵った。三人の子役のうち一人を素人に取られた悔しさを「芸能界は厳しいのよ」という態度で顕《あらわ》にした。「七カット十五万円」の出演料は、ばあちゃんの滞在費で帳消しになった。

ロケから帰ると、撮影所で「口合わせ」をするアテレコがある。撮影所の壁は、近寄れば新聞紙に美術担当が描いた大きな壁画なのだが、遠目で見ると町の景色になっている。そんな特殊な大掛かりなままごとの現場みたいな所は、夕方でも「おはようございます」という世界で、その場に相応しい人々が往来している。

旧知の本庄克二、後の東野栄次郎さんにばったり会うと、ママは懐しそうに話をした。アテレコは子役に限らずNGばかりでなかなかOKが出ず、深夜にわたると、ママ同伴の子役はフォードのリムジンで四谷まで送られた。

ロケ地のバスに寄って来た土産屋のばあさんに、ばあちゃんが注文して届いたみかんはインチキな三等品だった。まだまだ世の中は戦後間もなくだったのだ。

奈良先生の子役募集は四谷地区に広がって、「おらぁー三太だ！」の「三太物語」には数人の子どもが出演した。煎餅屋の息子や、わが家に頻繁に来ていた雑貨商の黒沼おばさんの息子が、普段どおりの坊主頭で出演した。四谷の子どもがロケに行って、餓鬼大将・三太と褌一つで一緒に川を泳ぎまわって、映画出演は四谷で大評判になった。

一度子役になると次の声がかかり、山田五十鈴主演「母なれば女なれば」の今井正監督の家に審査に行って不合格になったり、教育映画「赤い自転車」の主演の依頼がきたこともあったが、母親は、芸能界と勉学は両立しないとキャンセルをした。そのくせ、私が勉強もせず目標を持たない学生になると、「よっぽど前進座の子役にしようと思ったのよ」と言った。

女親はどこまでも男の子は可愛いという。

「スターリンさん、助けてください」

小学校三年の頃、新宿区以外のどこかの公会堂で「平和のための集会」があった。勿論、日本共産党の主催で、ステージの真上に「スターリンの写真」を掲げて、脇には赤旗がなびいていた。当時は、選挙前に限らず、共産主義の実現に向かった決起集会がよく開かれていた。

こういう時には、余興のようなものを考える人が主催者の中にいるらしい。演説の合間に、子どもの私が舞台に上がって、巻物になった文章を読まされた。新宿区四谷細胞の活動家の息子が、映画の子役をしているというので選ばれたのかもしれない。原稿は主催者が作成したのか、あるいは母親が書いたのか定かではないが、「生活が苦しい」ことを訴える内容で、中に「スターリンさん、助けてください！」という箇所があった。多分、声を張り上げて朗誦したと思う。

この「スターリンさん、助けてください！」は、子どもの自分にとっても純朴すぎて妙な気がした。拍手喝さいで演壇を下りた私のことを、袖にいた司会者が「ただ今は、中野重治さんでした」と言ったのには驚いて忘れられない。「ナカノシゲハル」「ナカガワシゲル」似てなくもないが、桧舞台に初めて上がって上気した「活動家」だったのだろう。

共立講堂だったかとも思うが、ある「平和集会」で、畑輝子という女優が演壇に立った。「姫百合の塔」などに出演していたから、なじみのある女優だった。ばあちゃんと私は最前列に陣取って聞いていた。講演の内容は記憶にないが、清純な女優の畑輝子さんが鼻の中が気になったと見えて、左手のハンカチで鼻の辺りを隠して、右手の小指で鼻の穴をほじっていたのが忘れられない。女優でも鼻をほじるのか？　ほじる時は流石《さすが》に上品にほじるもんだ、と仕草に感心した覚えがある。

PTA

左翼の政治家の体格は、どちらかと言えば細面で痩せぎすが多い。「多くは貧困の出だから、太るほどの食事に恵まれていない」所為でもないだろうが、「左翼は痩せ、保守は太っちょ」は、その時代の事実だったような気がする。

「四谷第六小学校PTA会長」は、自由党の新宿区議会議員・宮條誠吉氏で、「首切り反対闘争」の我家とは真っ向から対立する政敵（?）であった。恰幅《かっぷく》のいい宮條氏の風貌は保守政治家に相応しく、父親は「宮條の奴！」と言ってはいたが、左翼の活動家は貫禄負けしていると言えた。

選挙になると、宮條氏は、「若一」「若二」「南元」の犇めく住宅街よりも、恵まれた高台の町や商店街で人気を集め、左翼と違って他の候補者と票田を分けたりもしないから、常にトップ当選を果たしていた。

「PTA」は、六三三制教育制度とともに、アメリカから直輸入の民主主義教育制度である。お上から裾野へ「天皇陛下の命」を伝える従来の教育制度とは根本を異にする思想で、敗戦国政府がその制度の普及を奨励したが、自由な社会で発言の経験のない父兄は戸惑いを見せた。結句、折角のPTAも、町会や商店街の集まりと変わらず、地域のミニ政治家の後援会化していた。「Wガラス店」の主は、四谷第六小学校の仕事を一手に引き受けていた。校舎のガラスは、普段はボールがぶつかったり、台風でもくれば一挙に数十枚も割れたから、授業中に、腰に道具袋を巻いた主が、先生に会釈して教室のガラスを取り替えに来た。その仕事の縁かどうか、選挙になるとガラス店の主は宮條氏の選挙参謀になり、保守の言う地元の発展のために、立ち居振る舞っていた。

戦後の社会で、貧者の立場から平等を闘いとる主義主張ばかりでは、日常生活の歯車を動かすには十分でないことも事実であった。

臆病

川上潔先生の体格はギリシャ彫刻のようで、背筋を伸ばして大手を振って厚い胸板を前に押し出して歩く姿は、行進というに相応しかった。体育の時間の白いトレパンがよく似合い、号令のかけ声も立派で、意気揚々としていた。運動会では花形先生で、会場の何処に立っていても存在感があり、一組の生徒は先生の勇姿を誇りにしていた。

健康的な先生のクラスにもかかわらず、臆病な私は体育の時間を嫌った。せめて大好きな相撲でも取らせてくれれば体育の時間をそれほど嫌うこともなかったが、洋モノ（？）の類は嫌悪した。

ドッジボールの大きな玉から真剣に逃げ回り、鉄棒はほとんどただぶら下がるだけだった。雨の日の体育館の跳箱を恐れた。跳箱の上ででんぐり返しは勿論、全員が跳んだ「三段」でも、尻を着いておまけで合格をもらい、「四段」になると助走からたどり着いた箱の前で立ちすくんだ。再挑戦しても立ちすくんで、遂に泣いて、女の子に気づかれている自覚もあった。

運動会で唯一怖くない徒競走は必死の形相で走り、騎馬戦では上に乗って馬に指示し、戦わずに逃げ回るのは嫌いではなかったが、そういう体たらくを先生が知っているせいか、運動会当日は、体育館の屋根に上がって万国旗のひもを張ったり降ろしたりする、運動には触れない高みの見物の役を与えられたこともあった。

学校外で大流行の野球は性分に合わず、飛んでくる玉が恐ろしくて逃げた。やむを得ず捕球しなければならないときは、両手を手首の内側で合わせて蝶番状にし、お椀型になった両手を開閉して玉を捕ろうとするから、幼友達で四組のN君に「蝦蟇口《がまぐち》」と渾名された。この方法は、手首が固定されているから体全体の自由が利かず、カッコも悪い上に捕獲率も低かった。

水泳は最も恐ろしい。叔父一家が西千葉駅から数百メートルの海岸に近い官舎に引っ越して、我家も海水浴に出かけた。浜を歩いて砂が身体につくとすぐに手で払った。おそるおそる浅瀬に入ると、スポーツ万能の四歳上の従兄弟が背丈に近い深さまで連れて行き、私の足をすくって水の中に倒した。全身が海水に浸かって呼吸できない状態になって、両手で掴めない水をかいて、もがいて塩水を飲んだ。泣き出さんばかりの恐怖は夢の中にも現れて、水嫌いは後々まで記憶の中に定着した。

気楽な進学

四谷第六小学校の西側は、道路を挟んで新宿御苑に接している。K君の家は、新宿御苑の中にあった。都内では見られない大農園の風情があって、関係者のみが入場できる御苑の裏門から、土を踏みながら家に到達できる。「家に遊びにきてもいいよ」とK君に言われるのは、クラスの男の子ならだれでもうれしいことであった。ふだんはコンクリートの運動場で遊ぶ小学生は、新宿御苑の表にも通じる広大な遊び場で、野球、木登り、どんぐり拾いと、思いきって自然の空気を吸うことができた。

学校の南は、中央線の線路を陸橋で越えると神宮外苑に接している。外苑のさらに南の都営住宅のある霞ヶ丘にはまだ自然が残っていた。小さな池があって、そこから通学してくるF君の家に寄って、その池で遊んだ。四谷の釣り場は市ヶ谷と清水谷の堀があったが、この霞ヶ丘の池は、学校の帰りに遊ぶにはうってつけだった。アメンボーが行き来する水面に糸を垂らすと、クチボソ、タナゴの類が釣れた。ゲンゴローも、ザリガニも、ヤゴもいた。今の国立競技場の辺りである。

五年生になると、年に数回「学力テスト」が実施されて、その結果は新宿区と東京都の二つの区域で発表された。飛びっきり優秀な三組のKさんは区を超えて、東京都で第一位になった。ほとんどの子どもが受験に無頓着な時代だったが、優秀なKさんの存在を、先生も生徒も誉れに思った。

同級生のY君は健康優良児にもなった大きな体格の子どもで、私立中学を受験するためにそれなりの受験準備をしているのが、時々教室に面談に来る母親の姿から察せられたが、優秀で堂々としているせいか、それほど必死な様子は見えなかった。

他に二、三人の生徒が私立中学を希望したが、それとて「捻り鉢巻き」の姿はなく、まして、区立中学へ進む子どもに受験の興奮も恐怖も皆無で、兄姉が通っている学校へ同じように入学するのが、中学進学の全てであった。

体育館の下に、洞窟のような不気味な地下室があり、舞台の下の板の破れ目から潜ることができた。最上級生になって、進入を禁止されている地下にY君の先導で数人が下りた。洞窟探検隊の数人は、前述の御苑に住む、足の速いK君、K君には及ばないが同じ百メートルを真っ赤な顔をして力走する雑貨商「金太郎商店」の次男U君、内藤町のすらりとした紳士C君、大京町のどういう訳か「Bちゃん」の綽名のある米穀商の長男T君、南元町の元気者I君、前述の電気商の長男O君らの面々。

地下に降りると、天井からぶら下がっている蝙蝠《こうもり》が数羽、驚いて飛び立った。防空壕を兼ねていたのかも知れない暗い空間に埃が舞って、全員がトムソーヤ物語の主人公の気分になった。

振り返ってみると、一年生から最上級生までに変（進）化する筈の記憶に、ほとんど違いがない。それほど家庭生活の延長線のような六年間であったのかと思う。

まだ、受験期に到達し得ない朗らかな子どもたちだった。

中学へ、下って上る通学路

四谷第六小学校の通学区域から中学に進学すると、塩町から信濃町に行く都電通りを境に、四谷見附の四谷一中と御苑前の四谷二中に分けられた。内藤、大京の級友は二中に進学した。
須賀町から四谷見附までは必ず坂を下って上る。直線距離に最も近い通学路は、神社の男段を下って堀跡の道を右に二〇〇メートルほど行って、左に四つの寺が隣接している間の狭い坂を上る。

毎朝八時前にその坂を上ると、週に二回は西念寺の門前で婆さんがしゃがんで小便をしていた。須賀町にもやって来る納豆屋の婆さんで、かけ声が「ナットウヮ・ナットウヮ」という粘りがあって納豆に相応しい。

婆さんは、私の通学路を正反対にやって来た。四谷見附から下って、神社のゆるい女段を上って須賀町から信濃町へ行商して行く。

〽　町々の　時計になれや　小商人《あきゅーど》

というが、納豆屋の婆さんは雨の降る日でも、同じ時間に、傘をさしたままその角でしゃがんでいたから、この川柳には小便の時間まで適っていたことになる。ばあちゃんは私の伝言でこの事実を知ってからも、粘っこい藁納豆を買っていた。

西念寺の坂の上を右に曲がると、一旦は車の通る道路に出るものの、そこを横切ると、ほとんど人家の庭先を歩く私道のような道を通った。あまり通ることのなかったこの道を行くと、両親の友人で、多分左翼思想に理解のあったIさん宅の前を通って、数年前の記憶がよみがえった。Iさん夫妻には子どもがなく、毎夏、決まって「およばれ」があって、三人の子どもに「西瓜の半分抉り食い」をご馳走してくれた。切り身でない西瓜の半分を独占する贅沢は、ばあちゃんのメニューにはないハイカラなデザートだった。

一年E組

四谷一中の校庭は道路から仕切る塀がなく、校庭の西側は幾分高台の若葉一丁目の屋敷町に沿い、東側は四谷見付の交差点から東宮御所の門前を下る大通りに面している。この通りを渡った、次の通りとの二股の間の「三角原」は、草野球のメッカになっていた。「三角原」の向こうの「国会図書館」は「迎賓館」になる前で、パリの宮殿を模したという庭も館内も自由に入場することができた。

一年E組の南向きの校庭に面した一階の教室はポカポカと暖かい。担任の社会科の松沢先生は、新米の中学生を子どもとして扱ってくれた。悪戯な子どもには、「こらぁ！」と叱りつけるけれども、角丸の顔の、特徴ある平べったい口付きは笑みを含んでいる。松沢先生は給食のはじめに感謝の言葉を朗誦させた。クリスチャンであったらしい先生の「こうして食事のできますことを……」という上品で控えめな言葉に反発する子どもはいなかった。

入学してすぐに全校生徒会の選挙があった。三年の立候補者で本命と見られている郡山剛蔵さんは、声がよく、四角い顔をして口に幾分力が入ったようなしゃべり方をするイガグリ頭のハンサムボーイで、選挙演説で演壇に上がると、なかなかの人気者であった。同じ三年に在学している姉が私に、級友の女子に投票するようにと言ったので、私も父親譲りの判官贔屓だから、姉の言うとおり女性に投票したが、本命が当選した。郡山さんは、高校に進学すると落語をはじめて、牧野周一司会のラジオの「素人寄席」で「としごろ亭ニキ助」の芸名で鐘を連打した。教育者の父親の反対を押し切って落語家になり、大看板・柳家小三治師匠になったのは世間で周知のことである。

伝統ある三業地・荒木町が通学区域であったから、第六小学校とは違って粋筋から通ってくる生徒もいた。片町に住むUさんは検番の家柄で、童謡歌手としてデビューしていた。きれいなソプラノは群を抜いていて、小柄でずんぐりして顔が大きい美人は、顔だけなら充分大人で通るような貫禄があった。芸能界にいるから周りの生徒は一目も二目も置くのだけれども、当のU嬢は、型のいい鼻をつんと上げずに大きな顔をにこりとさせる。その表情に華があって、もう、お座敷に出ても通じるような雰囲気があった。

授業中に教室から校庭を眺めると、知った大人が行くこともあった。運動をする人には格好のグランドで、俳優で、当時はまだ珍しかった競歩の選手でもある細川俊夫さんが練習の出発点にしていた。柔軟体操をたっぷりして、駆け出せばいいものをと思いたくなるように体をくねらせて道路に出ていった。

学校を地域社会から隔離することなど無用な時代だった。

校歌

第六小学校校歌
緑したたる　常磐木《ときわぎ》に
富士の高嶺の　気高さを
讃えてここに　聳え立つ
わが学び舎よ　第六の
知るきその名に　誇りあり

肩組みかわし　ほほよせて

共に励みし　学び舎を
いそしみ終えし　諸人に
我もつづかん　第六の
高き教えに　光あれ

四谷一中校歌
光はあまねし　陽の照るところ
物みな明るく　正しく強く
富士あり雲なき　森の彼方
真理を求めて　絶えず進めば
道あり自由の　街は広し
四谷一中　我らかくあり
かくある我らに　誇りあれ

当時は容易に富士山を彼方に望むことはできたが、揃いも揃って富士の麓に学ぶと歌っている。日本の象徴のもとで学べというのだ。何が真理なのか、何が自由なのか不明だか、双方とも、誇りがあることにも変わりがない。

第六小学校の校歌は前述の長谷山俊彦校長の作曲である。長谷山校長は昭和二六年八月に、新設の西戸山小学校長に就任して西戸山小学校歌も作曲した、戦後の音楽教育に優しい足跡を残した名校長であった。

四谷一中の校歌は土岐善麿作詞・信時潔作曲で、日本全国によくあるプロの校歌だ。何かの式典で演台にたって、この校歌の指揮をしたことがあった。指揮といっても、オルガンを弾く女生徒の横に立って、四拍子の軌跡をゼンマイ仕掛けの玩具のように縦横に真っ直ぐ引いただけだから、自分でもこそばゆくて逃げ出したい気持になっていた時、町内の画家・藤田忠夫さんが校庭を横切って行った。後に、「指揮をしていたね」と言われて、硬直した体を思い出して恥じた。四谷一中校歌の四節目「真理を求めて」の旋律を、意味不明に音節を分けて、「真理／オモトメテ」と、上昇する旋律を男子の生徒がダミ声で歌った。元気に任せて集団で歌う暴挙（?）は、今の甲子園の勝利の校歌と変わることはなかった。

父親は、「常磐木」がないだけ、中学の方がましだと言った。

二年F組

一年を経過すると、それぞれの教科を専門の教師が担当する中学の授業に慣れてくる。終戦と同時に始まった自由教育の喜びが漂っていたのか、多くの教員の清々しい授業が大半を占めていた。

その中で、社会科の教師が珍しく古い保守的な教育をした。天皇の存在と大和民族の神話を説くので、「人間の都合によって作り上げられた歴史の出来事の羅列よりも、地球上の現実を科学的に見つめて物事を考えたい」というような作文を書いたら、反応がなく点数も悪かった。大柄な肉の緩んだその中年の教師は、どこかの学校の教頭に栄転していった。一般に民主化が叫ばれてはいたものの、日本史の教育方針に戦前と基本的な変化はなかったことになる。

理科のT先生は新卒で就任してきた。授業は新鮮で、運動会で颯爽と走る若いT先生は女生徒に人気があった。二学期の中間試験で、「一〇〇点を取った者には期末試験で二〇点をプラスする。一〇〇点だったら一二〇点をあげる」と、新人らしくクイズのようなことを言った。

ニンジンをぶら下げられた所為でもないが、私は珍しく「一夜漬け」をして、女性のOさんと二人、一〇〇点を取った。自説が功を奏したことで上機嫌なT先生だったが、それ以降の私の授業態度が悪く、期末試験は一夜漬けもせずに六〇数点をとると、約束通り八〇数点にはなったが、先生も当人も気まずい思いをした。Oさんは約束通り一二〇点をもらって、翌年の高校受験も志望校に進んだから、T先生の方針は正しかったことになる。

生徒は教師に巧妙な渾名を付ける。エノケンと同じに苗字と名前を短縮した「ナカセン」「ノグセン」「オムッチャン」、風体から「白豚」「ウラナリ」「酸素ドロボー」、授業で何度も繰り返す単語から「ルート」「ビコーズオブ」「ゼアフォー」……。

「ノグセン」「ルート」こと数学のN先生が率いるF組は、授業も活気があり、クラス討論も活発だった。議題に拘らず自説を述べて討論を掻き回す女生徒に「洗濯機」の渾名がついた。実用電気製品のハシリだった。

三年H組

義務教育の最終学年は、将来の進路の決定を迫られる。

八クラスあったうち三年のB組は「就職組」で、高校進学が難しい家庭の子女が集まっていた。家庭の事情は成績にも表れ、また体の成長にも影響していたのか、B組の生徒は小柄な男女が多かった。卒業後は都内・近郊に建ち始めた新興カメラ工場などに就職して、生産性を上げるための先鋒になった。

B組以外の生徒は、受験勉強に対峙しなければならない。とはいっても、生来の天真爛漫さは修正される筈はなかった。

授業中に冗談を言って満場を湧かす男子生徒が必ずいるが、私もご多分にもれずその仲間の一人で、数学の時間に冗談を連発して、授業終了後、教員室に呼ばれて説教を受けた。

「そんなに人を笑わせたいのか！」

A先生は青ざめていた。私は「受験を前にジレンマがあります」とは言えずに、無言で立っていた。三人の数学教師の中で温厚な先生だった。

H組の教室は三階の角部屋で日当りがよく、受験の暗いイメージはなかった。小学校の二組の小柄な秀才K君あり、同じ二組のS君とは机を並べた。S君は勉学よりも絵が得意で、主要科目の授業に身を入れて聴いている風はなかった。押し付けられない自由な勉強を好んだ所為だったことを、後年になって聞いた。K君は国立大学の理学部へ進み、S君は自営の塗装業を内装業に発展させて自由に羽ばたいているから、男児にとって意志の強さが大切であることがわかる。

それに引き換え、私と第三小学校からのN君は、冗談が先行する同じタイプで意気投合し、放課後も何処かで屯して、時には深夜になっても、どちらかの家の近くの電信柱の片隅で四方山の話を咲かせていた。受験生にとってプラスになるわけがなく、年が明けて、二人とも志望校に失敗した。

H組の担任「オムッチャン」「酸素ドロボー」の綽名のあるM先生は、温厚実直な人柄の国語教師で、授業が終わりに近づくと、左手をくるっと高く回して腕時計を見る仕草が印象に残っている。そういうどうでもいいことに拘って喜ぶことに天才的なN君は、「M先生のネクタイは、夏に一本・青、冬に一本・赤の二本だけだった」と記憶していた。M先生の必要かつ充分な考え方も理解できるが、それ以上に、N君の目配りの確かさと記憶力に驚嘆する。

N君は、後年、お互いに三十路をとうに過ぎてから、私の小さな印刷会社・三栄社に勤務して、その人柄で営業に花を咲かせたのは奇縁というのであろうか、しかも現役のまま生涯を全うしたから、私には感無量以外の何ものでもない。

カメラと修学旅行

物を買うのに知り合いを頼って買いに行く時代だった。

中学生になって、隣人の「地武太治部右衛門」ことHさんの幼友達がカメラ屋をやっているというので、九段下の「P商会」まで行った。四谷から子どもの客を同行した地武太先生は、店主に四谷在住の近況報告をして飯田町の昔話に花を咲かせた。

昔からある蛇腹のカメラでなく、盛んに製造され始めた35ミリカメラを欲しかったが、密着で用の足りるセミ判の方が経済的であると母親に説得された。新聞に広告の出る「ウインザー35」と「蛇腹のワルコンセミ」の値段は一万五千円と一万二千円くらいだったが、事実その差が生活に影響のある金額でもあった。ワルツ商会の「ワルコンセミ」は、小西六の高級な「パール」に手の届かないカメラファンを対象にした中堅機種で、私は35ミリカメラを横目で睨んで、「ワルコンセミ」を手にした。蛇腹を引き出すと、伸びた金具がピーンと音をたててレンズがボディーと並行になった。レンズから入った光が交差して蛇腹の中を通過する実感のあるボディーを「古臭い」と感じるのだが、さすがに新品はきれいで、愛器になる資格がありそうだった。

小学校の同級会で行った「石神井公園」で、「ワルコンセミ」で撮った川上先生が「三宝寺池」に伸びた枝にしゃがんだ写真が気に入って、キャビネに伸ばしてアルバムに貼った。外苑で見かけた憧れのホンダ・ドリーム号を撮って、引き伸ばして貼った。行商に来る千葉の八百屋のおばさんも撮った。赤い表紙の「紅梅キャラメルのおまけのアルバム」は、気に入った写真と、カメラとオートバイと自動車の小さな新聞広告のスクラップで埋まった。

中学校の修学旅行は、奈良・京都へ初めての本格的な旅である。奈良の「猿沢の池」畔の「吉田旅館」で、後年歯医者になったT君が鼻くそをほじくりながら夕食をしている写真がある。「曇り空には絞りF8、シャッター50分の1」のセオリー通りに撮った。「薬師寺」、「大仏」、「二条城」、「金閣寺」、「平安神宮」……神社仏閣のモノクロ写真の貫禄は、中学生を魅了した。

夏の林間学校の思い出もある。箱根の「新宿区立林間学校」に、せいぜい二泊だったか合宿をした。男女混浴で入った風呂場の集合写真があって、最前列のボーイッシュな小柄な女生徒が、いく分膨らんだ胸とまだ影もない下も隠さずに写っている。あどけなさに魅力を感じるのも、モノクロ写真の自然感覚であった。

四一八名の卒業生

入学から六年を同じクラスで過ごした小学校に比べれば、毎年クラスが変わった中学の三年間は、あっという間の経過点だった印象が残る。

中学在学中に式典が三回、入学式、卒業式、その間に、体育館の落成式があった。

式典には新宿区教育委員会から来賓が一人参列した。三回とも、自由党の新宿区議会議員・安田《あんだ》八郎氏で、小太りで、弛んだほっぺたに黒子のある安田さんのご愛嬌は忘れられない。

司会者に紹介されて中央に出ると、

「本日は、まずもって皆様にお詫びを申し上げます。本来ならば、岡田区長が出席しなければならないところ、会議の都合で来られない、それではお前行って来い！という訳で参った訳でございます」

それからおもむろに一歩下がって、

「本日は、ご入学、（大声で）おめでとうございます！」

さらに前に戻って挨拶をつづける。

「お詫び」は毎回共通で、「おめでとう」の前を差し替えれば、卒業式にも落成式にもなった。

安田センセイの形態模写を私も家で繰り返したから、父親は、敵陣（?）の安田センセイを認識して、「それではお前行って来い！」は、印刷現場での流行語になった。

私の形態模写好きは、自身の結婚式で「河内山宗俊」を演じた父親譲りであった。事実、たった一度「父兄会」に来た父親は、帰宅すると前述の級友N君の母親が丁寧に挨拶をしたといって、「Nの母でございます」と体をくねった模写を繰り返した。

栗田校長の挨拶も特徴のある貫禄もので、形態模写にはもってこいである。出っ腹に引き裂かれそうなチョッキの両方のポケットに、それぞれ親指を突っ込んで声は喉の奥から出る。

「私は赤組でありますから、赤が勝てばいい、赤が勝てばいい」という運動会の挨拶は、ことのほか父親を喜ばせた。昭和三二年三月の栗田校長の卒業式の訓示は、「四一八名の卒業生を……」というもので、少子化の進んだ今になってみると歴史を証明する記録にもなる。

二〇〇二年、四谷一中と四谷二中は併合されて四谷中学となり、四谷一中の敷地にある。

ヰタ・セクスアリス

高校受験は一〇代半ばの未熟児（?）にとって、平坦な道で突然遭遇した障害物のようなものである。

生まれて初めての受験で失敗した。九科目ある中で比較的得意な英語で三つのミスをして、さらに「家庭科」の「次の魚の中で、骨のないものに〇をつけなさい」という問題で、鰯に〇をつけて貴重な五点を失った。ばあちゃんが「牛肉ばかりで魚を食べさせなかったからだ」と残念がった。

つづいて都内の成績優秀な生徒がこぞって受験する国立大学付属高等学校を受験した。数人合格の枠に一〇〇〇人以上の受験者が集まる最難関の入試だから、もとより度胸試しみたいな願書を提出していたのだが、都立高校の失敗でこの難関も「万に一つ」の「挑戦」になった。

教室の最前列に座って問題に目を通すと、目は問題を追っているが質問の意味の辺りをぐるぐる巡るだけで、一向に回答を記入するに至らない。夢遊病者のように頭の中に黄色や白の雲が浮いている。合格点の遠さがひしひしと迫ってくる。いらいらが頭の中から体全体に波及するようで、それが下半身、下腹部の辺りまで浸透してきた。

最前列でいらいらしている挙動不審な受験者を、試験担当の教官が凝視してきた。下腹部の不惑な感覚をどう治めたか定かな自覚もないまま終了のベルが鳴った。

我がヰタ・セクスアリスは、中学生が遭遇する最初の正念場・高校入学試験の現場で起きた。

第五章 寝食職いっしょくた

ばあちゃんの門下生

中川家を訪ねる人は必ずばあちゃんに接する。ばあちゃんは三人の子どもを養育する乳母さんが本務で、それ以上の要職にあるわけではないのだが、一種〝物言う番犬〟というところがあり、二代にわたった親子を死守するという愛家精神を貫いていた。

ばあちゃんの風貌は、額の出た、ラッキョウのような顔かたちで、自身で言っていたように関西弁の噺家・桂小文治に似ていた。ギョロッとした目つきは訪問客を睨んでいるようだった。小学校に上がっても階下の六畳でばあちゃんと寝て、寝つくまでばあちゃんの乳首をさわって、階段を誰かが上り下りするとあわてて手を離していた私には、それほどの目つきだった記憶はない。理屈に外れたことを主張することはなかったが、こういう人にありがちな思い込みは強く、それがばあちゃんは怖いというトレードマークに結びついていたのかも知れない。

ばあちゃん直門のお手伝いさんは、歴代に、てるちゃん、佐渡のハツコおばさん、両親の僚友の青ちゃん、同じ僚友のデコちゃん、近所のアイちゃんとつづいて、お手伝いさんは、いわば班長であるばあちゃんの指示に従わなければならないから、意見の違うときは諦め切れなかったこともあっただろうけれども、それぞれも一家言者《いっかげんもん》だから、家の中が多少賑やかになるくらいの悶着に違いなかった。

ばあちゃんは、父親を訪問する父親の友人と丁々発止の会話を楽しんでいた。中川家には、学生時代からの一宿一飯以上の訪問客は多く、その中には友人から親戚同様、あるいは親戚になった人もいた。父親と同じ思想の持主ゆえ、社会に出るまで居候を余儀なくさせられ、父親の従妹と結婚したカンキノこと神田喜之助さん、生家の売却の立役者で、結核の完治しない父親から「自分が死んだ場合は、婚約者（母親）と結婚してくれ」と告げられた北郷隆吾さん、南方で風土病にかかり、復員後職に就けず、父親に願い事が多かったナカセンこと中島仙太郎さん……には、ばあちゃんも準乳母さんのように接していた。

ナカセンさんに無心されても応えることができるわけのない父親なのだが、友人を訪ねて仕事を探してくるナカセンさんに印刷ブローカーとして多少の便宜を図っていたようで、それが両親の悶着の原因になることもあった。そんな時、ばあちゃんは、背のすらっとした好青年ナカセンさんを戦地に送った「戦争の犯罪」を非難した。

ばあちゃんには腹を痛めていない息子「じろちゃん」こと十二郎さんがいた。じろちゃんは体が弱く、府立工芸を文字どおりの優秀な成績で出たが、会社勤めはできずに入退院を繰り返していた。具合の良い時は二階で校正をしていた同居人で、川柳をよくし、「一文銭」の号は

「讀賣川柳」で名を馳せた。

昭和三一年元旦の第一席を飾った、自衛隊の「オネストジョン・富士山麓演習」を詠んだ川柳、

〽　凸凹の　富士に初日が　出に困り

を、父親は絶賛した。

父親が死亡した昭和三七年から少し経って、じろちゃんは母親に求婚の手紙を送ってきた。「きっと、パパも良かったと安心することだろう」とあったという。母親はそれから後、じろちゃんへの訪問はすっかり私に任せた。

じろちゃんは余りにピュアーだった。結核だといわれていたが診断ははっきりせず、雑菌に弱い体質で、数々の手術をして七八歳まで生きた。

アメリカに嫁いだ人

「若三」には、特に卓越した生活力のある人がいた。

〝身上も軽けりゃ身も軽い〟愉快な上田卯之助・音次郎の兄弟は、揃って背が低くずんぐりし

て、肘を張って歩く姿は小型のポパイのようで、「卵之さん」「音さん」の愛称で人気者だった。その兄弟の姉・ゆみさんが、アメリカ兵と恋愛結婚をした。

ゆみさんがフィアンセのジミーを母親に引き合わせに連れてきた。アメリカ人のジミーに愛想よくうなずいているゆみさんの様子を、母親は羨望の眼差しで眺めていた。酒場で働いていたゆみさんは、真っ赤なマニュキュアを塗った指に挟んだ洋モクをふかしながら、殆んど英語をしゃべらずにフィアンセにうなずいているだけなのだが、母親は、ヒヤリングができるのだ、と感心している。三人の子どもにパパ、ママと言わせている母親は、英会話の中にいるだけでうれしかったのだ。

結婚式の教会の介添えに、パパの具合が悪くて、ママが一人で立ち会った。敗戦後に頻発した国際結婚の中で、周りが心配するのを「ゆみさんの意思だから、愛情に国境はない」と、パパもママも大賛成した。パパとママの「結婚生活二〇年間に二五組の仲人」の中で、唯一の国際結婚であった。

実子の男の子を同伴して渡米したゆみさんは、カリフォルニアから、退役して警察官になった夫の実入りが良いことを伝えてきた。アメリカの実情から実入りは袖の下の類だったのだが、ママは「アメリカは何でもお金だそうよ」と、本来ならば蔑むべきことも、憧れのカリフォルニアのことだから、うらやましそうにした。

姉をアメリカに出した上田兄弟は、鉄工所を経営して成功した。八〇歳を超えた母親が亡くなると、お祝いだといって悲しみを見せず、お通夜は、「太宗寺のお閻魔様、よろしくお願いいたします……」とデンデン太鼓を自ら叩いてドンチャン騒ぎをした。兄の卯之さんはレッキとした共産党員だったが、才覚に溢れていたからか、脱党して自らを「若葉共産党」と称し、独自の生活感を貫いた。

「自分の思ったことは自分でやるんだ」と、まだハシリのゴルフのバッグをクルマにつんで意気軒昂に毎日を謳歌した。小バブルの崩壊が鉄工所に早めにくると、「もう無理だ」といさぎよく鉄工所をたたんだ。

ゆみさん親子は当時の日本では考えられない生活環境で暮らして、数年後に里帰り旅行も実現した。卯之さんも音さんもアメリカ旅行を楽しんだ。ゆみさんは、四〇数年後、カリフォルニア州サンタモニカで幸せな一生を終えた。

ゆみさんは渡米前、子どもの私から一五〇〇円借りて、アメリカからカメラを送ると約束していた。卯之さんが家に立ち寄るたびに、子どもの私が伝言を頼むと、二年後にカメラが届いた。コダックの、弁当箱よりも大きな茶色い鉄のボディーの大型玩具は、実用にはならずにアメリカの鷹揚さを残して現存している。

四谷地域では、駐留軍は子どもたちをよく遊ばせた。ジープに満載に乗せて須賀神社の男段を登ってみせた。乗車する年齢に満たない子どもたちは仰天しながらながめていた。
基地で悪さを働いた「アメ公」に類する悪徳兵隊を目撃した記憶はない。

無手勝流経営

昭和二九年、個人営業の謄写印刷会社は、三栄町の文房具商のJさんが出資することになり、社名を決定するのに、ゴロから言って「須賀社」は無いだろうと「有限会社三栄社」が誕生した。会社の終世（？）の顧客になった「信用金庫」の「信用金庫法」が制定された年から三年後であった。

当時の顧客のほとんどは、父親の友人あるいは思想的な同志の関係する団体で、ガリ版印刷の特徴である細々した注文が大部を占めていたが、貧乏暇なしの経営はできた。

カンキノさんが勤務する生命保険の協会は上得意であった。会議の資料のほかに定期刊行物の「ブラックリスト」があって、簡易な冊子だったが、定期物だけに三栄社の経営の基礎の一つになっていた。

「ブラックリスト」は集金した保険の掛け金をつまみ食いした人のリストで、世情からずいぶん繁盛（?）した冊子であった。ガリ版を切る母親と同姓同名の人名が出てきたり、リストに再登場する剛の者もいて、現場の退屈しのぎの話題になることもあった。

再登場者の中に、ばあちゃんの遠戚の男の名前があって驚いたこともあった。我が家にも訪れたことがあり、両親は勿論、子どもたちとも面識のある頭脳明晰な男だから、不名誉なリストで登場してばあちゃんと両親を驚かせた。数年後に、浅草の場外馬券売場で予想屋をやっているところを秋さんが見て、それを聞いた父親は、才覚がある人間が真っ当な職に就けない世間が悪いと、いつもどおりすべて資本主義社会の所為にする発言をした。

原稿取りはママの仕事で、半官半民のお得意さんの終業時間から二、三時間、時には原稿書きを旅館に移して夜半まで待った。旅館で膝づめで原稿を待つから、当然、出稿者と印刷業者は、夕食を共にしたりすることになる。時々は、そのまま一杯飲みに行くこともあった。

農協のIさん、Kさん、隣人になった「地武太治部右衛門」ことHさんは、ママをすっかり気に入って、ママを連れて一杯飲み屋から歓楽街へ出て、消えかかった赤線の名残りの辺りを歩いたこともあった。ママは、「一緒に見るんだ！と言って、どうしても聞かないのよ！」と、浅草の千束で「シロクロなるもの」を見た、と成人した息子に言った。そんな見物が可能だったのか？　ママは幾多の戦場を乗り越えて逞しくなったのだ。

働き詰めの社員にも、待ちに待った社員旅行があった。旅行を決行するためには、さらに働き詰めの数日を要した。旅行費用は社員の積立てに不足分を会社が負担して賄い、幹事が決まって「健康保険の家」の予約をとる。家よりもずーっと立派な旅館に泊まるわけではないのだ。それでも健康保険の家には、家財がないから広々として旅行の宿泊気分が味わえた。

山中湖の「健保の家」の風呂は、せいぜい三、四人の家庭風呂で、社員旅行のおミソの私は、H夫妻と三人で入った。H氏は「小西六」をレッドパージになって夫妻で筆耕をやっていた。可愛がってくれたから「おばちゃん」の普通名詞が固有名詞になっていて、ついでに大人もおばちゃんと呼んでいた。若いおばちゃん夫妻と入浴して、夕食を共にする、そういう旅が社員旅行であった。

嬉しくて眠れないのにやっと寝た早朝、眼がさめるとパパとママがいないので狼狽した。湖畔に出てみると、パパとママが二人っきりでボートを漕いでいる。私は立ちすくんで泣きそうになっていた。今、考えてみれば、新婚旅行もなかった夫婦の甘いひと時だったに違いない。ボート部のコックスだった父親は、思い入れも深く櫓を漕いだことだろう。

社員は健康保険証を持つようになったが、ある時、健康保険証のない社員に入院の要が生じた。父親は、その男性を、古い社員で同じような年恰好の男性の名前で入院をさせ手術を受けさせた。

頼む方も頼む方なら、引き受ける方も引き受ける方だが、混乱の時代にY病院のモットーは、悪法よりも福祉を、であったから、父親のいくらなんでもの申し入れを受諾したのだろう。とにかく、真の福祉主義者は、この替え玉入院を敢行して平然としていた。

夜鳴きそば

深夜、チャルメラの音は、「新世界交響曲」の「家路」と同じ葦笛を、高っ調子に支那風な味付けをして遠くからやって来る。暗闇の路地を屋台が行くと、路上は舞台のように芝居風に仕立てられた。粋な街なら、お二階さんから声がかかりそうだが、この路地は、宵っ張りな男の子が駆け出してきた。

私道の奥の住居兼謄写印刷工場は、毎夜徹して仕事をしている。社員の夕食は、時間がずれ込んで夜半前の支那そばになることもあった。チャルメラに最も敏感なのは腹をすかせた子どもで、音を聞くだけでラーメンの塩加減と麺の味わいが口中に沸いてきて、職方の人数を調べて屋台に駆け出した。私道を出た所に停止した屋台から二階の仕事場まで、支那そばの丼をのせた薄汚れた金の盆が往復した。

職方がそばを食べる間、そば屋はチャルメラを吹きながら辺りを歩き廻る。

丼が屋台に全て戻ると、丼を一度だけいびつな金のバケツに溜まった水に通して水を切る。屋台の取っ手に懸けてあるタオルで拭いたりもするが、工程から推測して、支那そばのつゆは、丼の出動回数だけ、濁った水と一晩中混合されつづけていたかもしれない。

寝食職いっしょくた

三栄社の職場の雰囲気は家庭的で、所帯の割には恋愛が多く生まれた。父親の妹の長女・やゑ子さんは、営業の松原さんと結ばれた。

小さな印刷会社はよく宴会を催した。その度に父親は、のど自慢の「松っちゃん」こと松原さんに「ゆっくりゆっくり歩いてちょうだい　もうすぐお別れせにゃならぬ」という唄を所望した。

兵隊の歌もうまい元衛生兵の松原さんの「ゆっくりゆっくり……」の甲高くて艶のある節回しに、子どもたちも不思議に哀愁を感じた。後年になって、「パパは速く歩けなかったから、ゆっくりゆっくりが身に沁みてたんだ」と松原さんから聞いて、制約の多かった生活の実情を改めて察した。

結核患者は「とにかく栄養をつけなければいけない」といわれた。我が家では、栄養をつけるには「牛肉が一番」の考え方が徹底していた。子どもたちに与えられた食事は、卵、牛乳、牛肉が中心で、抵抗力をつけるための最も有効な食事だと考えられていた。購入する資金も容易ではなかったに違いないが、食事番のばあちゃんは、「これだけはお大尽にも負けない」と、どう工面していたのか買っていたから、我が家のエンゲル計数はかなり高かったと思う。

特に、牛肉の入手には熱が入っていて、塩町の「兵庫屋」の丸顔のお兄ちゃんが御用聞きに来て、夕方には配達に来た。お兄ちゃんの特徴はニコニコ顔で、戦後の不安がうすれてきた頃だから、ばあちゃんと若いお兄ちゃんとの会話は実に平和な雰囲気の中にあった。

学校から帰宅すると、台所の流し台の前に椅子を持ち込んで座って、「牛肉の網焼き」にとりかかった。ジュウージュウーという音と、テリ焼きの醤油の焦げた香ばしい匂いが、すきっ腹に食欲を注いでご飯粒も美味い。

家の中は、寝食分離どころか、「寝食職いっしょくた」だったから、このいい匂いは階段をつたわって二階の仕事場までたちどころに昇っていった。後年、秋さんが「そりゃ、たまらないよ。いい匂いだもん。うらやましかったねぇ」と言った。私のアレルギー性鼻炎・鼻クンクンは、あるいは恵まれ過ぎた肉食が原因か、と自己診断をすることもある。

ある時は、特上の牛肉を味わうことができた。一流ホテルのコックの息子を持つ近所のおばさんが、時々、肉の塊を持ってきた。包みを開けて肉片を見せながら、おばさんが小声で肉の説明をすると、ばあちゃんが値段を聞いて支払った。小声が値決めに欠かせないようだった。

御用聞き

御用聞きは、「兵庫屋さん」だけではない。酒屋は「亀屋のマーちゃん」、クリーニングは「岡戸さん」で、本屋もレコード店もまわって来た。

戦後の「かつぎや」の流れを引く「千葉の八百屋のおばさん」が週に二、三回やって来た。大きな行李を背に、千葉から一気に信濃町駅で下りて、目的地の須賀町まで担いでくる。野菜は勿論、新鮮な魚も、時期になると餅も持ってくるから、着いたばかりの行李はかなり重そうだった。日焼けしたおばさんは、売れるたびに軽くなって、終いには空になって帰って行くのを繰り返していた。

おばさんが年をとって嫁さんが一緒に来て、そのうち嫁さんだけになった。少しはにかんだ嫁さんが野菜にオマケをつけないので「ケチだ」と言っていたばあちゃんも、日が経ってから、丈夫な嫁さんに好意をもつようになった。ばあちゃんの審査を通過した嫁さんは、商売も上手くなり、小学生の長男を同伴してばあちゃんに披露した。産地から都会へ、嫁さんは息子に課外授業を実施していたのかもしれない。

氷柱とアラジン

昔の夏は暑い。地球温暖化以降の暑さとは違って自然に暑かった。家の中は窓を開けても暑いから、印刷現場は自然の暑さには自然の冷たさ「氷柱」で対抗した。朝十時頃、氷屋が持ってくる二〇貫目の氷柱が二階の八畳の真ん中に立った。氷柱は表面から白い湯気を吐きつづけて、日によっては深夜まで姿を残した。

氷は、背高ノッポのおじさんが首にタオルを巻いて鋸で切る。リヤカーの上の菰《こも》をかぶった大きな氷を取り出すと、片足をリヤカーの端にかけて鋸で切る。単位は目方だが量りは目分量だ。切れ目から縦に散った氷の飛沫は流れ花火のように美しい。

氷屋は、夏は氷室、冬は炭屋だから合理的に陽気の違いを生活の糧にしていたことになる。冬は「西間木商店」とある重そうな前掛けをして炭を運ぶと、冬でも汗を拭うのだろう、時には口の周りを黒くしていた。奥さんを亡くした西間木さんには可愛い娘がいた。顔の汚れも気にせずに働いていた西間木さんに新しいお嫁さんがきたようだった。

日本家屋の冬は寒い。二階の仕事場には、橙《だいだい》色《いろ》のゴムホースをくねらせて小さな卓上ピアノのようなガスストーブが、あっちを向いたりこっちを向いたり、散らばっていた。

ガスストーブよりも経済的で安全な石油ストーブが出回った当時、スウェーデン製の「アラジン」の薄いグリーンの円筒形のストーブは四万円以上もした。国産の石油ストーブの目に滲みる臭さを我慢していたから、石油臭ささが無いアラジンが半額近くに値下がりすると、母親は「流石にスウェーデン製だ」と、得意の外国礼賛をして買い込んだ。仕事場の最新設備であった。

パパの鯔背《いなせ》とママの岐路

小学校に行き始めた初夏のある日、風邪で休んで二階の床にいた。自宅の謄写印刷業も、もっぱら左門町の筆耕の先輩・大滝さんから下請けの仕事をもらって、母親がガリ板を切っていた頃だ。

突如、玄関で父親の大声が聞こえた。起き上がって階段の上から真下の玄関を見ると、父親が床に胡坐をかいて、浴衣の片肌を脱いで右手に持った出刃包丁を床に刺している。

「払えねぇから、払わねぇんだ！　さぁー！　殺せ！　殺せるなら殺してみろ！」

玄関の三和土《たたき》には、若い新入社員のような男が仰天して立ち尽くしている。

税務署の新人が「財産税」の督促に来たのだ。父親は、役者のように訓練を積んでいないから、時々、声がひっくり返ったが、浴衣姿は寝巻とは思えない鰡背だった。仰天した若者には悪いが、父親はとっさに、政府側の職に就いた新人に好きな芝居で現状を教育したらしい。この一幕は、四谷税務署で有名になり、父親は「四谷の赤ボス」の異名をとった。

芝居好きな父親は、マージャン、花札の類の手捌きも抜群で、口調に比例して素早い。町内の弁護士佐々木不温先生は、そろそろご隠居の身分だったのか、昼間もちょくちょく見えた碁敵ならぬ花札敵で、ある日、大いに盛り上がっているところへ、母親が「具合が悪いのだから……」と忠告をすると、父親は激怒して花札を風呂の焚きつけに放り込んだ。勿論、それで花札を一切止めたわけではなかった。

中学生になったある夏の一日、慶応普通部に進学したY君の知り合いの四谷警察に勤務するおじさんが、二人を江ノ島一周の日帰り旅行に連れて行ってくれた。

「坊やの住まいは須賀町のどの辺なんだい？」

「須賀神社の通りの八番地です」

「八番地の中川?」

おじさんのまぶしそうな顔に、「四谷の赤ボス」の影が映ったらしい。

復興の勢いは左翼の台頭にも表れた。地元の新宿区議会議員・「小西六」出身のやっさんこと渡辺保之さん、活弁から都議会議員になった大友保さん、都電の運転手から新宿区会議員になった茶山克巳さんなど、レッドパージ派議員が四谷細胞に集まった。

都議会議員選挙の候補者に、病をもつパパでなく、勇敢で頑丈なママに白羽の矢が立ったことがあった。ママは、ごく普通のお嬢さんだったが、十一歳年上の病弱な熱血漢と戦争体験をする中で変身した女性だ。白羽の矢が立ってもおかしくはなかった。結局、日本共産党のその議席は女医の後藤マンさんになったが、後年、「パパが絶対に駄目だと、反対したのよ」と言っていたママの、一生の一番大きな岐路であったように思う。

二人の文学青年

信濃町駅前に、この界隈で最も立派な「美華」という中華料理店があった。その店では、大通りに面したもう一軒の「錦水園」とともに、ラーメンだけでない本格的な中華料理が食べられた。

「美華」で修行をしている渉青年こと藤田渉さんは、自宅に集まる党員の多い集会でも、独自の発言をしていた未だ十代の文学青年であった。入党はしないが、パパ、ママには親近感が強く、渉青年という呼称からも三人の子どもたちの遊び相手になっていた。

渉青年が、我が家に鍋と包丁を持参して中華料理の作りたてを食べさせてくれたことがあった。十数人が集まったと思う。火力が弱いといいながらも次から次に料理して、主催者の父親は上機嫌であった。舌を火傷しそうな熱々の「芋の甘露煮」は、私の中華料理体験の最初の醍醐味であった。

渉青年は、川崎、横浜中華街、浜松へ、転職の度に成功して、業界で指導的立場にも立ったが、文字通りの「万年青年」で、「浜松文学賞」に輝いた詩人でもある。『僕の年賀詩集』として一冊になった年賀状は、戦後五十年の歴史を、断じ、嘆き、愛でて、青年のロマンで溢れている。

市川博康さんは、中川家に寄る人々の中で、渉青年と双璧の文学青年だった。左門町に住む文士・武林無想庵の義息で、母親・朝子さんと共に『むさうあん物語』を毎月刊行して家に配達に来た。その度に、朝子さんとばあちゃんは、西欧と日本の比較文化論（?）を語り合って、ハイカラな時間を過ごしていた。

あくまでも文学を愛する市川さんは、編集をしながら、フランス文学から詩の世界を全うして、独自の背景を持った作品を発表している。

相撲好き

「ボク」と言われて育った所為か、度胸がなく、大概のスポーツは苦手だったが、相撲は性分にあって、学校で相撲を取っても小柄な同級生には分が良かった。相手の胸に頭をつけて、つっかえ棒をはずすような右下手ひねりが得意で、少し背の高い相手を見つけては、食いついて勝負に挑んだ。ラジオの実況放送で聞く「呼び出し」の声音を真似て、昼休みに相撲の陣頭指揮をとると、仲間が呆れて、私の相撲好きは自他共に許されるようになった。

左門町の都電通りに面した空き地で、相撲大会が行われた。近所の元相撲取りが指導して、盛り土をして本格的な土俵が作られ、学年ごとに取組が組まれた。同じ小学校の三組の畳屋の息子・Mと二回対戦して、二回とも同じ下手ひねりで勝つと、Mがしきりに悔しがった。このことは、後年、Mと酒場で会っても話題になったから、本物の土俵は新鮮な体験だったのだ。

この相撲大会の大人の部に、向かいの文ちゃんの従兄弟に当たる、東北から上京した成年が出場した。小柄で小太りの気のいいYお兄ちゃんは、純白の晒《さら》しのふんどしを着けて土俵下で堂々と四股《しこ》を踏んだ。相撲県から来た誇りをもって土俵に上がったが、体の大きな本格的な相撲を取る男に続けて負けた。気風《きっぷ》のいいお兄ちゃんの〝廻しならぬ晒し〟で突貫する姿はおかし味があった。

父親も相撲好きで、天皇賜杯を争う相撲は父親の主義主張と正反対の封建的な国技であるはずなのだが、この単純明快な相撲は論外だった。社員の秋さんも、立行司と同じ名の川上庄之助さんも相撲好きで、仕事場は相撲の話になると尽きなかった。

父親は、細い川上さんに、手取り・業師の「鳴門海」の綽名をつけ、それほど大きくはない母親に「大起」とつけて嫌がる母親をからかった。両差しの「信夫山」をノブオサン、外掛けの「琴ヶ浜」をコトガチャマと発音して楽しんでいた。「前田山」が本場所中に野球見物に行って謹慎処分になったとか、関脇の「天竜」が謀反を起こして脱退した話を好んでした。「武蔵山」が税金闘争に参加したといって称賛し、「柏戸」の後援会長に前進座の翫右衛門がなったと知って、「柏戸」のファンになった。

真剣な話はしない親子には、相撲は格好の共通のテーマだった。幼少の頃から、手製の紙相撲に力士の名前を書いて、「ヒガーシー、テルクニ、ニーシー、ハグロヤマ」とテーブルを叩きながらやって「また始まったよ」といわれていた私は、本場所の度に、毎日「幕の内の取組」を書き出して仕事場の人に賭けを強要した。雑誌『野球少年』があるのに『相撲少年』がなぜないのか？と作文に書いたこともあった。

なかなか行けない蔵前国技館へは、呼び出しの照雄さんに頼んで手配してもらった桟敷の席に、朝、ばあちゃんに送ってもらって序の口から観戦した。取組表に○●をつけながら、当時は十五日間取った幕下力士の中から有望力士を選んで悦に入った。幕の内になるとばあちゃんが迎えにきて、相撲ばかりは〝お坊っちゃま〟の扱いに近かった。人気力士「名寄岩」が贔屓で、サイン帳を持って支度部屋に並んで、名寄岩のやっと書いたような「努力」の筆跡に感動した。「努力」の二文字は修身教育の役目にも適ったのか、名寄岩の映画「涙の敢闘賞」は学校の映画鑑賞で全員が見に行った。

中学二年のとき、高校進学後レスリングに進んだ逆三角形の体躯のT君と連れ立って、国技館の「相撲道場」に行った。相撲道場は、戦後初の「大相撲神宮場所」で十一戦全勝優勝をした元小結備州山が指導していた。「稽古に通いたいから廻しを買ってもらいたい」と父親に言うと、「そりゃ無理だ」と言って買ってもらえず、見学だけであきらめた。アマチュア相撲にまざって序二段の平山という取的が、親方に何度も呼ばれて土俵に這う壮烈な稽古が記憶にある。将来、「相撲道場」の隣の「相撲博物館」の勤務なら幸せだろうと思ったくらいだった。

左門町の角に「緑園」という喫茶店ができて、まだ家庭には普及していないテレビを備えて放映していた。コーヒーを飲んでテレビを見る、相撲好きには格好の喫茶店だった。調子の良い時の父親はそれを楽しみにして、社長が従業員を引き連れて酒を飲みに行くように、コーヒーと相撲見物に出かけた。

哲ちゃんと郭ちゃんと韋駄天

上原やゑ子さんは、私にとって年の離れた従姉で、父親と思想の通ずる都立の夜間高校の同級生・劉光石さんを三栄社に紹介した。

劉光石さんは夜間は大学でロシア文学を専攻する青年で、弟・光郭さんも入社して、ガッツのある印刷工だった。母親と妹と苦労・苦学の四人家族で、兄の光石さんのみ、日本名を江藤哲といった。哲ちゃんはハンサムで、夜間高校の美人同級生と、彼女の親の反対を押し切って数年の後に結ばれた。

仕事場に彼女から電話がかかってくることも多い。三栄社の電話は、回線が充分でなかったその頃に、共産党のK衆議院議員の議員電話を譲り受けたもので貴重品だった。その電話で哲っちゃんから彼女に電話をしても、民主的な（？）判断を好む父親は「昼休みだから」と、かえって哲っちゃんに有利な発言をしていた。いい気になった（?）哲っちゃんの電話はだんだんと長くなって、ある日、いつまでも映画の話をつづけていたら、さすがに業を煮やした父親が「やめろ!」と大声をだした。父親は、すぐに気まずくなって階下に降りていった。

郭ちゃんは私のよい遊び相手で、スポーツの苦手な私に、骨格のしっかりした体格から軟球の球を思いっきり投げ込んで、取らせる訓練を課した。日焼けした丸顔の郭ちゃんが、自分のグローブをめがけて速球を投げてくるのを、へっぴり腰で受けた。郭ちゃんはユニホームの揃わない三栄社野球部のエースになった。

昭和三四年「在日朝鮮人帰還協定」が結ばれると、兄弟は悩んだ末に、郭ちゃんと妹さんと母親が帰還した。数年間は、哲っちゃんを通じて消息があったが、郭ちゃんが北朝鮮で、あの速球を元気に投げ続けたかどうかは不明である。

まともなことは言わない父親は、手放しで喜んでいいのか、判断に迷う冗談を言った。朝鮮人の哲っちゃんの前で朝鮮訛りの日本語の冗談を言った。哲っちゃんは日本でしか暮らしていないから朝鮮訛りはないが、差別的冗談には苦笑したに違いない。

タバコの箱を手にして「CIGARETTES」のアルファベットを、高っ調子の朝鮮訛りの日本語のつもりで発音する……。

「C」↓タマコ（玉子）ヨコ（横）ナイ、「I」↓タテ（縦）ポ（棒）アル、「G」↓タマコヨコナイカギ（鍵）アル、「A」→プンカチュウタク（文化住宅）ヤネ（屋根）アル、「R」→ハタ（旗）ツッカイポ（つっかい棒）アル、「E」→ヨノジ（ヨの字）サカサ（逆さ）アル、「T」→ヨコポ（横棒）アルタテポ（縦棒）アル、「T」→マタ（又）ヨコポアルタテポアル、「E」→ヨノジサカサアル、「S」→ハチノジ（8の字）アッチナイ（無い）コッチナイ（無い）。

後年、この手を好む御仁に数回聞いてみたが、全員が初耳だと言った。父親の自作なのかも知れない。

冗談攻めで育てられた私が一度反抗期らしき行動をとったことがあった。高校に入った頃で原因は不明だが、私が大声を出して父親を罵倒すると、父親は浴衣のまま、病人に似合わず大股で須賀神社の方向へ駆け出して行った。細い白い足が肌蹴た裾から抜け出した姿は、養祖父の残した銅の置物・細くて逞しい韋駄天《いだてん》のようだった。

深夜の駅前

信濃町の駅前は、「東礼自動車」の社屋がでんと構えて、数台の寝台車が並んでいた。向かい側は慶応病院だから、いざという時に、捗（墓？）が行くのかもしれない。

その社屋の前に、夕暮れになると、おでん屋とラーメン屋の二台の屋台が出た。

私のラーメン好きは、印刷現場の夜なべの屋台支那そばに原点があるから、未だに明るいラーメン店は今ひとつの感がする。

受験勉強という大義名分のある高校時代に、「大義名分のみ」の受験生に業を煮やした親が、家庭教師を用意した。受験に成功した大学生の所に通わせたこともあったが、二、三人代わって、とどのつまり、最も手近な筆耕屋の関根名人になった。

苗字と風貌から、父親に「名人」の渾名を付けられた関根名人は、前述の劉光石さんの露文科の同級生で、栃木県で道場を開いている剣道師範の息子だった。「家庭環境から反軍国主義者になった」と言った。当時の露文科、特に夜間の露文科には、純粋にロシア共産主義運動と関わりを持とうとする学生が多かった。「名人」は、囲碁が強くなって渾名が本物らしくなったが、春風駘蕩《しゅんぷうたいとう》とした名人との勉強時間は勉強にはならず、せいぜいダジャレ専門学校であった。

勉強嫌いな受験生は、深夜の駅前ラーメン通いが病みつきになっていた。ある深夜、どうせ徹夜する名人と、父親が「張り切りハリコ」と渾名した名人の奥さんのハリコ、哲っちゃんが、私のラーメン通いに同行した。

信濃町駅前ラーメン屋台の初代オーナーは、父親と親しい、自由党の万年区議会議員落選候補者だった小林金保氏だった。金保さんは怪我で鼻がつぶれていて年中マスクをしていたので、家へ来ると幼い私が「マスクを取って！」といって困らせた人だ。「金保さんならマスクをしているから清潔でいい、区議会議員を目指した人がラーメン屋になった、えらい！」と父親は得意の評価をした。

金保さんから引き継いだ二代目のおやじは、金保さんに劣らない膨らんだ顔の爺さんで、自衛隊に行っている息子を持つ苦労人だった。

夏の夜の外は涼しくて気持ちがいい。四人がぶらぶら歩いて駅まで行くと、線路に架かる陸橋の向こうの交番に巡査の姿が見える。名人が「バカの真似をして、交番の前を歩いてみようか？」という。お巡りをからかうという発想は、政府の番犬を揶揄するという至極当然な発想なのである。奥さんのハリコも哲っちゃんも、勿論受験生の私も大賛成する。涼しい夜には、見物もいい。

名人の服装は、ダスターコートを羽織って下は半ズボンだったから、コートの前を閉じると外見はコートと素足だけになった。口を半開きにして、よたよたと橋を渡って交番の前に差しかかると、中に立っていた巡査が外へ出て、「オイオイ！　こらぁ！　何をしている！」と言っているようだ。巡査は知らんぷりの名人に近づいて、袖を引っ張ると交番の中に引き込ん

だ。橋のこちらの観客は、やんやの喝采。二、三分して、ハリコを先頭に交番の前に差しかかって、

「あら、名人どうしたの？　何してるの？」。

巡査はホッとして「奥さんですか」と引き渡した。

「どうだった？　何を聞かれたの？」

「ふふん、下は何をはいてるんだっ、てさ」

「そー、成功したわね！」

名人は埼玉県内の市長選に立候補した。後年、病に倒れたが、長女は市会議員に当選し、逞しく、変わらない保守政権に対抗している。

カルメン先生

二台の屋台、おでん屋とラーメン屋のおやじの性質は対照的に違っていた。小柄で細面のおでん屋のおやじは無愛想で、ネタ一つの売上げも疎かにしない〝しわいや〟風だったが、かえってその構わない客扱いがいいのか、常連客が酒を飲んでいた。そういうおやじと常連客の

所為か、おでん屋のテントからは、賑やかな笑い声が漏れることはあまりなかった。

二代目のラーメン屋のおやじは脂ぎって清潔感はイマイチだが、世間話もよくするサービス精神が受けて、ラーメン屋なのにラーメンを食わずに酒ばかり飲んでいる客もいた。自称作家という薄汚い男は、間引きされて残った歯もヤニで黄色い。風貌だけならば荷風を思わせる乞食の風体で、酔うと、チャーシューのつまみを入れる小皿を二つ片手に持って、カスタネット代わりにカチカチとさせて、「カルメンだ！」といって出鱈目な歌を口ずさんだ。爺さんはその男を「先生」と呼んで敬意を表しているようでもあり、我が屋台の雰囲気に満足しているようでもあった。

カルメン先生は、体が利かなくなって人足もできなくなったのだろう、ある明け方、飲酒のまま橋の上から線路に飛び降りて、ロマンの駅前を終焉の地にした。

後年、私がY病院で十二指腸潰瘍の手術を受けて入院中に、友人Fが妙な連れと病室に入ってきた。手術後一週間の縫い口の収まっていない私の前に、深夜の薄明かりでしか見たことのないラーメン屋台の爺さんの唇の厚い膨らんだ顔が、薄笑いを浮かべて午後の病室の夕日に浮き出ている。「下のロビーで会った」とFはうれしそうに言う。「何よりの見舞いだ！」と同伴したのだ。

「冗談じゃない！　咳払い一つで痛みが走る。真っ昼間、おやじに神聖な病室に来られたんじゃ、キズ口が剥がれちまう……」

屋台の顔はやはり深夜に見た方がいい。

M&A

信濃町の駅に近い印刷会社「K社」は、地域の同業者の親分格で、社長は印刷組合の長としてリーダーシップを取っていた。印刷業務は勿論、野球のチームも〝草野球〟のレベルを超える充実ぶりだった。

その「K社」の取締役の一人・Kさんが独立して、「太陽社」を設立した。左門町から入ってくる道路沿いの、狭い自宅の土間と居間を仕事場にした、社名にそぐわない零細工場である。「K社」で経理担当だったKさんは、自分で筆耕から印刷までして、「アチャコ」の渾名のある十代の息子が、製本屋と顧客の間を朝に晩に駆けずり回っていた。働けど働けどうまくいかず、原因はどうやらK社で「取締り」が渾名になっていたKさんの甚兵衛さん振りにあったようだった。

Kさんは、母親からの借金のカタに（?·）「三栄社」の社員になって、そのまま同じ渾名で呼ばれていた。無精ひげを剃らずに、睡眠以外は机に向かって仕事をしているKさんは清潔感に欠けているから、父親が「取締り」改め「取りシラミ」だと言った。誰かが仕事場に入ってくると、鼻眼鏡の顔を上げ下げして応対しながら仕事を続けるから、口と手作業の両方に集中力が分散して、それも働き続けていなければならない理由になっていたのかもしれなかった。

車両購入

当初の謄写印刷物はほとんどが会議の資料程度で、納品も風呂敷包みで間に合った。包みを抱えて電車に乗って、納品と入れ替えに次の原稿を貰う。少し大きなものは近間なら自転車で、荷物らしい荷物はタクシーで納品した。

戦後の焼跡から動き出した産業の進展につれて、家内工業も印刷業らしくなって、自転車以上の運搬車両が必要になってきた。「三栄社」は「太陽社」から親子二人の労働力と、中古のバイク・BS号を引き取った。

BS号は、荷運び用の自転車の荷台の下に50CCのエンジンが取り付けられ、エンジンの外側の回転盤が、後輪のリムの内側にあてがってある。自転車に乗りながら、サドルの下にあるエンジンに直結する金の棒を手前に引き寄せると、リムに密着した回転盤が回りだして強引にエンジンが始動する。ハンドルの右手グリップの親指の位置にある小さなアクセルレバーを押し上げると、回転が上がって、自転車がオートバイに変貌する。

車軸に回転力を与えるのでなく、横から回転力を押し付ける駆動方法はブレーキの反対の理屈である。簡易オートバイは、走り出せば〝楽ちん具合〟は自転車の比ではないが、スピードがある分、自転車の「無いに等しいクッション」では尻が痛い。痛いだけではなく振動で胃下垂の原因にもなるからゴムの腹バンドが必携だった。

「三栄社」の車両は、BS号から、これも変則なスーパーカブ号、本格的なオートバイ・ベンリイ号、コレダ号に出世した。オートバイを扱うM自転車店も、二代目の兄弟が自転車よりも面白いオートバイに夢中になって、名称もMモータースに変わった。エンジンの音にこだわった本田宗一郎ご自慢の4サイクルエンジンのベンリイ号は、マフラーに包まれたようなエンジン音は素敵だが、故障がちで、修理も複雑そうで名称変更後のMモータースでは扱いきれないようだった。中古車から晴れて新車を購入しても、ホンダ4サイクルの調整・修理は簡単ではないようだった。小島用紙店のKさんが乗ってくるコレダ号は故障がなく力があるというので、三台目は2サイクルのコレダ号に換えた。

営業の秋さんが得意になって、ベンリイ号よりも大きく見えるコレダ号に跨って、白い煙を吐きながら風を切った。日に何度も出動する秋さんの勇姿は、近所の人の目にもとまって、ギタリストの阿部保夫先生夫人が「箱の叔父さん」と表現したが、確かに秋さんの、風の抵抗をまともに受けそうな胴長幅広の乗車姿勢は箱が移動するようで、その特徴をよく言い当てていた。

その秋さんの免許証取得には、私が勉強して、多忙な秋さんと「鮫洲の試験場」へ一緒に受験に行った。私の後に座るはずが、鉛筆を忘れた秋さんが遥か後ろの席になり、「右の耳を触ると○、左の耳を触ると×」の合図がうまく伝達できずに、秋さんはあと一問で涙を呑んだ。回答を書き終わった私が、疎らになった試験室を出ないので、不審に思った試験官が私の側にしばらく立ち続けた。

秋さんは後日一人で受験して合格した。

餃子

昭和三二年頃、左門町の都電通りを渡った所に、餃子が自慢の「末広」が開店した。おやじさんは背の高い役者張りの中年男、女将さんは面長の美人で、そのことに充分自覚を持っている風だった。腕利きの板前もハンサムで、地味な左門町界隈に餃子旋風を起こした。

三栄社の社員は共働きが多く、家庭料理を作る余裕はほとんどなかったから、出前が食事の本命にもなっていた。昼夜の食事を月末払いのツケで取って、末広の出前顧客のナンバーワンだったと思う。餃子ライスは勿論、カレーライス、場合によっては飯は持参してカレー汁を注文する。若い出前が書いた「カレー汗」の伝票に苦笑したこともあったが、それほど走り書きのツケがたまっていった。

筆耕・校正・印刷に追われっぱなしの社員が、電話で注文する。食べたいもののついでに飲みたいものも思いつくから、酒屋の三倍もする中ビンのビールを飲んでいた。値段よりスピードが優先で、三栄社の社員と返事のいい女将さんの末広は、時間が来ると直通電話のように通じていた。

末広の商売は上々で、数年経つと、ママさんの希望通り、店の左半分を和風割烹にした。面長美人のママさんにはスカートよりも和服が似合ったが、顧客接待の少ない三栄社は、相変わらず右半分の「餃子の末広」に密着していた。和風割烹の成績はどうだったのか?

やがて、名物食堂「末広」はどこかに引っ越して行った。日長、餃子の皮を包んで、会席料理も修業して、栄転したのだろう。

四谷三丁目の角の中華「早藤」の主は、共産党のシンパで、家族で連れ立って出かけた。塩の勝ったラーメンは極上に美味かった。

ある午後、テーブルが四つほどの「早藤」の店内上方の角にある十二インチのテレビで映画が始まった。白黒の画面に、主人公・フランキー堺の平和な床屋の情景が映った。実直な白衣姿の床屋の主に、ドラマの進行につれ恐ろしい現実がふりかかってくる。ばあちゃんと母親と三人の子どもは、首を上げたままテレビに釘付けになった。

昭和三四年のテレビ映画「私は貝になりたい」は、高校二年の私を感動させ、親しい級友に、大日本帝国の犯した罪を語って同意を強く求めた。不登校にちかかった高校生活の中で、身の入った瞬間であった。

Y病院

Y病院は我が家にとって「別荘」にもたとえられた存在だ。両親は別荘から社員を採用したり、別荘の住人同士の仲人を引き受けたりした。

父親は、医学生時代から四谷細胞に出入りしていた石垣先生に肋骨整形手術を受け、その後遺症の喘息のため、脊髄液を注射器で刺激する「パンピング」というソビエト医学の治療も受けた。

母親は湿性肋膜炎で入院し、病室で筆耕も続けて、八ヶ月後、40キロから72キロになって退院した。母親の入院は昭和三〇年の七月からで父親の入院時期とも重なって、中学三年の私は頻繁に病院通いをした。

Y病院の結核患者は、必ずしも、自分の身を暗く捉えて、悲観的な毎日を送っているようには見えなかった。病院に一貫した思想が浸透している所為か、医師も、看護婦も、事務員も、常に明るく誠心誠意の仕事ぶりで、希望を持って生きているように見えた。父親は「院内療友会」の会長になって、大いにはしゃいで結核病棟を賑やかにしていた。栄養士が配った「食事のアンケート」の「一番美味しかったもの」の欄に「沢庵」と書いて、純情なおばさんの怒りを買った。

類は友を呼んで、結核病棟独特の雰囲気の中には、私にも大いに気になる会話があった。病院の隣りは「はなぶさ」という連れ込み旅館で、病室と旅館の部屋は道路一つ隔てていた。退院後に三栄社の社員にもなった「お富さん」こと長谷川富一さんが、クーラーのない夏の夜の「はなぶさの部屋の様子」をつぶさに、しかも自慢の大声で話をした。どうやら、私に対する性教育を兼ねていたようでもあった。

両親の別荘「Y病院」は、安保反対デモの犠牲者樺美智子さんを執刀した中田先生によって、後年、私も胃切除の手術を受けたから、私にとっても第一の別荘である。病身の父親をもった子どもには、病院は安心の源、心の故郷にもなった。

再受験

希望高の入試に失敗して、私立城北高校に入学した。

ラグビー部が有名なその高校は、他校への再受験を容認することで、学業優秀な生徒の確保を目指していた。一学年の二クラス一〇〇名の生徒がその対象となって、事実、二学期の初めの授業には、夏の転入試験に合格した二〇数名が抜け、残りの生徒が照れくさそうに集まった。私もその中の一人で、その後も腰の落ち着かないクラスを欠席しがちに年を越して、翌三月に退校後、第二志望の都立高校へ転入した。この高校一年間の思い出は三つある。

ズボンのベルトから下げた手拭の片方が地面に触れそうな姿が売りの教師がいた。授業中「わっかりまさぁねぇ……」と大声を出すのが癖の若い数学教師だった。この教師が担任で、彼は秋の転入試験に失敗して出戻ってきた生徒に慰めを与えようと、「奥多摩日帰り遠足」を企画した。青梅駅からの帰路、十数人の参加生徒の全員がキセルで捕まったが、キセルの首謀者が当の教師だったから、以後このクラスの雰囲気はぐーんと家庭的になった。

もう一人、蛙のような眼鏡が似合う社会科の教師が、国鉄のゼネストで電車が止まると、「君らゼネストというと、ゼンストだと思うんだろう。違うよ、ストリップじゃないよ」と嬉しそうに話した。この教師も、授業を明るく楽しくすることに主眼を置いているようだった。

この二人の東大出の教師は、転校希望の秀才（？）たちを引き留める役目を担っていたらしい。

授業は落第しないように上手に出ればいいから、つまらなくなると下校したくなる。そういう生徒のために、校舎の周りは屈強なラグビー部員が監視のために交代で立っていた。その目を盗んで下校するには、トイレに行く渡り廊下の屋根から外に飛び降りる方法があった。私がその方法をとったとき、運悪く、下の廊下を校長が歩いて上に気がついて、私はすぐに校長室に呼ばれた。

私立城北高校校長は、都立戸山高校の校長を長年務めた品のある恰幅のいい校長だった。学校の方針が当たって、数年ののちには有数の進学校になった。

都立玉川高校

二つ目の新興都立校・玉川高校は、世田谷の品の良い生徒と熱心な先生の健康的な環境にあったが、転入学までの一年間に七度の受験の憂鬱にのめり込んでいたから、私はそこでも最多休学者になった。何よりも、全国公立高等学校校長会会長を務める西村校長の案で、丸い緑の登山帽の学校帽を被らされるのが恥ずかしくて、信濃町から代々木を経由して、その帽子がちらほらする東横線の車内まで手に握りしめていた。

その春に第一期生が卒業したばかりの玉川高校は、一学年男女二百人の小人数で、和気あいあいな校風で、その幸せ風な雰囲気が、悶々としている自分には馴染めずに、周りのごく少数の友人ともっぱら授業中の私語を楽しんでいた。

とはいえ、思春期には違いないから、勉強以外の遊びは活発になる。酒屋の次男・M君は配達の手伝いをすると言って、早々と自動二輪車の免許をとった。当時は、不思議なことに、「自動二輪免許証」で「軽四輪自動車」が運転できた。放課後、父親が進駐軍から買ったという、ハーレー・ダビッドソン1941年製・500CCを乗ってきた。私はそれで多摩川べりを走った。左足でシーソーのようなクラッチペダルを操作する歴史的な二輪車である。さらに

M酒店の「アサヒビール」と書いてあるダイハツ・ハイゼット・トラックの運転席に座って、初めてハンドルを持った。夕方から走り始め、上野を過ぎて、明け方には水戸に到着した。「しなければならない勉強」をしない「自由」は、とどまることがなかった。勿論、無免許運転である。

二学期の初日に私語をしていると、「こらっ！　お前のことだぞ！」と、担任の渋谷先生に怒鳴られた。私が最多休学者であることを咎められたのである。

三年になると、昼の通学よりも、四谷の予備校の夜間に通う面白さを知って通った。駿河台予備校のお茶の水本校は、大学受験の最高峰に君臨していた。

名物英語教師・鈴木長十先生は、禿で小柄で愛嬌たっぷりで、「Ice melt into water.」→「氷が水の中に溶けた」→「氷解けた・結果・水」とやって、「into」の下に、「ブールブルブル」と抑揚をつけて波線を引いた。夜間の予備校は寸暇を惜しむ学生が最前列を占めていたが、私は、「into は結果を表す」の説明よりも、長十先生の「芸」に聞きほれていたから、最前列には相応しくなかった。

早稲田大学から出稼ぎ（？）に来ていた英語教師松田秀次郎先生は、ウイリアム・フォークナーの一節など、いかにも英文学が好きでたまらないという風で終始笑顔がこぼれていた。口に少し唾がたまったような口調までかえって英語に向いているように聞こえて、夜間の教室で異国文学の香りを感じた。ほとんどの教科が不成績な中で、唯一いくらかましな英語は、この松田先生の恩恵といえた。

玉川高校の三期生の多くは、一、二年の中に国立を含む大学に進学した。卒業後のクラス会で、「玉高、勉強させられたわよ！」と言う女子の級友の述懐から、私が関知できなかった新興都立校の颯爽たる様子が伺えた。

都立玉川高校は、二〇〇八年、都立砧工業と統合して都立世田谷総合高校になった。

・雪消の谷をうがち出で　溢れ高まり留まらず
多摩川の流れを詠った校歌は、今でも清々しい。

最後の人

謄写印刷の時代は残業は当たり前で、その日の最後の職方が玄関から出ると、母親が鍵をかけて終業になった。

筆耕の女性・山崎さんが玄関に立って母親と挨拶をした。扉が閉まった途端に、「ご苦労様でした。おデブさん」というようなことを言ったら、ほとんど同時に再び扉が開いて山崎さんが戻ってきた。忘れ物のためだったのか、一瞬のことで、母親も「ダメよ！」と苦笑した。

山崎さんは原稿を持ち帰ったり、書き上げたものを持って来たりしていたが、ある晩も玄関で母親と挨拶をした。その挨拶は、決して「暇乞い」ではなかったのだが、それから数日しても山崎さんは現れなかった。新聞で「上野の旅館で心中」の記事を見て、母親は驚き嘆いた。私は「結婚を反対されて」という記事内容に、最後になった玄関のにこやかな場面が結びつかなかった。愛情と思想の葛藤だったのだろうか。

ずーっと後年になって、「東大数学研究会」の面々が定期的に校正に来社していた。ガンマーやらシグマーやら複雑な数表の校正で、ガリ版を切る職人には勿論意味不明だから、絵柄として筆耕していたのだと思う。

T先生は、最も頻繁に来社した。間断なく鼻をクンクンさせる特徴のあるTさんは、穏やかな学者で、「モジュラー関数」の権威で将来のノーベル賞を噂されていたらしい。二月のある日、私がいやいや大学受験して帰宅した夕方、おしゃべりと同じ要領で仕事場の黒板に英語の問題を書き出すと、「そこまで問題を覚えていれば合格でしょう」と言って、そのとおりだった。

Tさんは、失恋の後、服毒自殺をしたという。朝日新聞が「尊い頭脳を失った」と報道した。

子ども部屋と刎頸《ふんけい》の友

子ども部屋といっても、廊下の一隅に机があるという程度のものだった。一階の西北の角にドラム缶の風呂場があった。一畳ほどの脱衣場の外に猫の額の土があって、風呂場の窓は隣家の窓と裏の家の塀にぎりぎりだった。この猫の額にも床とトタン屋根が伸びて物置兼子ども部屋にもなったが、着替えのための箪笥もあったから、脱衣との仕切りのカーテンから部屋といえる部分は二畳に欠けていた。

昭和二二年ころのある夏の日、その二畳から塀越しに地主のアパートを見上げると、二階の住人の女が下穿き一つで物干しに出て洗濯物を干していた。顔見知りではないこの女が、子どもの私にうれしそうな笑顔をつくった。子ども部屋からの景色に相応しいものではなかったが、そのアパートにはアメリカ兵がちょくちょく来ていたから、商売柄、そんな格好も別段特別なことではなく、「向う三軒両隣」の一コマにすぎなかった。

南側の私道に面した、これも猫の額の庭にも、三畳の板の間が付け足されて、同じように物置兼子ども部屋になった。少しばかりの出っ張りに三人の子どもがそれぞれ机を置いていた。二階の印刷現場が活況を呈してきて、社員の上り下りが頻繁になったので、東南の角にあった玄関を、二階に直行できるように西側に移した。便所の入口の踊り場が新玄関のたたきを兼ねたから、もともと隣家の便所と壁一つで、タイミングによっては便器に跨ったまま息を殺すことになっていたが、その確率が更に高くなった。この新玄関の犠牲になったのは、最盛期には日に百個の実が取れた西洋イチジクの木で、その木が生き生きと立派だったのは、ひび割れのある便器の溜まりの下に根を生やしていたからに違いなかった。

旧玄関は、私道に面して角の取れたほぼ三畳の間になって、私の部屋になったり、後年は母親の寝室にもなったが、家族だけでも狭い家に、一時、近所の母子づれに懇願されて貸間にもなった。

この三畳の欠けた部分にある窓を開けてギターを弾いていると、奥の家に行く「文学座」の岩田さんが声をかけてくれたり、小池朝雄さんが、後年の「刑事コロンボ」のあの声で「上手くなったね」と言ったり、この窓の外は、文字どおり居住者共通の私道だった。

小部屋の変遷はいつまでもつづいて、二階の出っ張りに寝起きしていた大学二年目の留年明けの春、名古屋出身の高橋信君が遊びに来た。初対面の身体検査で、授業に出席する心算のない私が「代返」を頼んで以降、お世話になった学生時代の恩人である。「音楽は好きだ。医者の兄がベートーベンのピアノソナタを演奏する」という高橋君に、ギターを聴いてもらった。

高校三年になって、嫌いな勉強から逃れるために弾き始めたギターのフェルナンド・ソルの

「ソナタ15番」は、キューバの名手、レイ・デラ・トルレのレコードに魅せられて夢中になって練習した曲だった。高橋君は、端正なその曲に衝撃を受けたと言って、ソルの大ファンになった。

ギターの音が響く出っ張りから三尺の扉を跨ぐように仕事部屋に足を踏み入れると、畳の上に新聞「赤旗」が無造作にあった。高橋君は、初めて手に取った「赤旗」に、専攻する西洋史への志と並行する、あるいは勝る思想を発見した。

郷里で教育者となり、社会運動の旗手になった高橋君は、四十数年後、名古屋地方裁判所の法廷で、日本が犯した戦争犯罪を明確にする証人として一時間に余る状況説明をした。列席した教え子たちが涙した法廷を、傍聴した友人たちが最高の授業であると絶賛した。最高の授業は、勿論、ひとときの授業にとどまらず、日韓関係の整復から世界的規模の平和運動まで大きな広がりをみせている。

アパート建築

昭和三五年、働きずめの謄写印刷稼業に不安を懐《いだ》いている母親は、定まった収入を確保するためにアパートの建築を提案した。健康に自信のない父親は「そんな冒険をして……」と不安がった。

母親は、ばあちゃんと京橋で映画見物をした帰りに、隣の「殖産住宅」の展示場で名前を書いて説明書をもらってきた。殖産住宅は復興期の住宅建設で名を上げていた。

営業マンが自宅に商談に来ると、母親は殖産住宅は親切だ、良心的だと絶賛した。細身の営業マンとすぐに親しくなって、融資から建築までを特別に有利に運んでくれると期待して疑わなかったが、何やら策略があってのことか、なかなか着工にならない。

工面した手付金の七〇万円を払い込んだ後、契約の六ヶ月が過ぎても設計図も仕上がらず、掛け合うと細身の営業マンが「いい工務店を紹介しましょう」といった。マージンの流れ（?）に気づいた母親は、紹介された工務店で施工するのを承諾する見返りに、第二組合の長であるこの営業マンを恐喝（?）し、以降数年間、組合からの印刷物の発注を受けた。

「建前」には、父親もうれしそうに大工さんの間に入って骨組みの柱に座っていた。

中肉で坊ちゃん顔の現場監督「山ちゃん」は母親のお気に入りで、時々山ちゃんのオートバイの後に横乗りして何処へやら走っていた。父親にはそういう行動力はあるはずもないから、母親に「いいツバメができたね」というようなことを私が言うと、「何言ってんのよ」と言って満更でもない。山ちゃんは、父親に「お預かりします」というような無言の合図を送っていたのかも知れない。

三畳が三間、四畳半が五間、六畳が二間の総二階の木造アパートは、各部屋に半畳の調理台と洗面があった。便所は一階と二階の廊下の奥にあって、女性の一人暮らしが多かったが、玄関脇の三畳は印刷工の社宅にして、二人の若者が寝泊りしていた。

その後に、三畳に入った私の隣室の四畳半の女性が、近所で増え始めた新興宗教の虜になって、早朝から「南無妙法蓮華経」を連呼した。申し入れをしても聞き入れず、念仏の最中にドンドンと叩いてもますます佳境にはいって音量は上がるばかりだった。

信濃町、南元町、若葉町に広がって止まるところを知らない宗教団体の力には、代々の地主が抵抗しても、次世代、次々世代で地主が宗教団体に落ち着くから近隣の人々は驚嘆するだけだ。

昭和四〇年頃、外国人の入居を拒む風潮が強かったとき、前述の高橋君から頼まれてアメリカ人が入居した。それがきっかけで外国人が外国人を呼び、数年後には「外人アパート」になった。またしても、ママの英語熱は舞い上がった。私は、地域に蔓延する宗教に準《なぞら》えて「外人崇拝教・教祖」と渾名した。

エイプリル・フール

アパートの奥の一階に居住する、地武太治部右衛門ことHさんは、欧州風美人の奥さんと暮らしていて、真夏の午後など奥さんがシミーズ姿でも、私を遠慮させずに居間に上げて、面白話を聞かせてくれた。話のほぼ全部が冗談で、「大人の笑い方教室」は、後々までも影響を享受していくことにもなった。

地武太さんは、『内外タイムス』の購読者だった。最先端をゆく「はだか新聞」を堂々と契約している地武太さんを、さすが「予科練出身だ、勇気がある」と、父親は妙な感心をしていた。その地武太さんを一泡吹かせようと、父親は、四月一日の朝、「今日から、うちも『内外タイムス』をとったよ」と伝えた。地武太さんは、父親が「大衆新聞」を購読することを決めたことを大変喜んだ。

地武太さんの家に限らず、この路地では玄関は開けっ放しも不思議ではなかった。新聞配達の青年が地武太さんに『内外タイムス』を届けて、そのまま路地を出て行く姿を見た地武太さんは「おいおい、中川さんの家へいれてないよ」と追いかけた。青年はきょとんとして「中川さんはとっていません」と言った。地武太さんは、中川の玄関にちゃんと書いてある「内外」

と白墨の字を指して「ちゃんと書いてあるじゃないか」と言うものの、青年は不思議な顔をしている。そのはずで、前の晩に父親がそれらしく玄関の柱に「内外」と書いて丸で囲んだのである。

地武太さんは、悔しくても大喜びして、青年の肩をたたいて「とってもらいなさい」としつこく言うので、父親は一ヶ月間の購読をすることになった。小学校の同級生、ガキ大将のTくんが遊びに来て、「お前の親父は『内外タイムス』をとっているのか、助平だな」と言った。

明日は四月一日という夜は、アイデアの最終決定に緊張（?）する。

社名「三栄社」を名乗っていても、家内工業のタイプ印刷会社は職住共通の玄関から二階の職場に階段を上がって行く。

三月三一日に、私は父親に「家の中の階段を修理しています。外の階段から上がってください、店主」と書いてもらって、夜なべで最終退社の人が帰った一〇時過ぎに玄関のガラス戸に張った。

翌朝は出勤時間の前から、二階の物干しでカメラを下げて待った。一番出勤のタイピストの小原さんが、玄関前で張り紙を見て躊躇していたが、思い切ってハイヒールを脱いで手にして、二階の物干しに通じる危なっかしい木の梯子を上がってきた。「あら、そんな張り紙があったの?」と言った経理の松井さん一人を除いて、一〇人ほどの社員全員が、靴のまま、あるいは靴を脱いで梯子を上がってきた。

「おふざけ」も、全員が脇目を振らずに仕事と会社を大事にしていた証拠にもなった。

バレンタインデーだのホワイトデーなどはなかったが、エイプリル・フールはしっかり存在していた。

訪問客と入党勧告

父親への訪問客には、当然、執筆者も多い。前述の『大逆事件の全貌』の著者・渡辺順三さん、『箱根風雲録』のタカクラテルさんなど、弾圧にめげず一貫して立場を変えず仕事を続けていた人が多い。

昭和三三年頃、須賀神社の広間で「松川事件の被告の話を聞く会」が開かれた。来賓で野坂参三が講演に来て、私の部屋だったアパートの一室で休憩した。父親とは挨拶を交わした程度で、講演の前の二時間近く一人で休息をとった。分刻みの毎日では、一人っきりの時間はなかなか確保できないのであろうと推測した。「同志野坂　ほめたたえよ　不屈の闘志」という「赤旗」の一節の、その人であった。神社の広間で、独特のアクセントを伴った柔らかい口調から、説得力のある言葉が聴衆に浸透していくのを確認した。

数十年後の失脚は、私にとっては不思議な、亡き父親にとっては想像のできないことであっただろう。

新宿区議会議員「やっさん」こと渡辺保之さんは、レッドパージになった頃、瓶の回収業を営んでいた。やっさんについて、空瓶で満杯のリヤカーを押して、四谷から牛込、飯田橋の職安の隣の集積所まで行った。愛想のいいやっさんは、どこの酒屋の裏口でも評判が良く瓶の回収は捗がいった。持ち前の回転の良さとサービス精神で、初当選から、区議会で最長期を務め、須賀・若葉・南元町の共産党最強地区の中心にあった。

大学生になってやっさんの選挙運動に日参した。朝、「若二」の自宅の事務所から、テリトリーの四谷・淀橋地区に向かって選挙カーが出る。アナウンサーのセツルメントの若い看護婦さんが何の躊躇《ちゅうちょ》もなく生き生きと、「お願いします！」とやっているので、同年輩の新米学生は眩しく思うばかりだった。

やっさんの参謀のTさんが入党勧告に来宅した。子どもの頃から、メーデーの行進で「インターナショナル」を大声で歌っていたから、当然のことであったのだろう。私は、只管《ひたすら》「周りの人に影響を与える運動を続ける勇気はない」と拒否をした。「時期が熟していないから、でもない」と念も押したので、二度の来宅で見えなくなった。

父親は、文士・武林無想庵の入党を成功させたと本心から喜んでいた。粋で軟派な文士・自由主義者に入党を納得させたことを、自説の証にして喜んでいた。

息子に入党を希望していたのか、定かではない。

「紙上げ！」

昭和四一年、時々は深夜も使用するピャーピャーピャーピャーピャーというけたたましい「折機」の音に近所の苦情が爆発して、「路地の奥の工場」は閉鎖を余儀なくさせられた。

母親は、甲州街道に近い「若二」の、電気工事会社の三階から天辺の五階まで借りて社屋とした。移転によって空調も近代的になって軽印刷工場といえるようになったが、エレベーターがないから、週明けの朝、紙屋が三階の踊り場まで運んだ用紙を、そこから印刷機のある五階まで社員が階段横並びになって手渡しする「紙上げ！」が必須になった。「紙上げ！」は、社員にとって生活維持の基本労働であった。

「紙上げ！」には逸話もある。

ある朝、四谷消防署から電話が入って会社の所在地を聞いてきた。消防署には、その数年前に階段の踊り場に置いた印刷用紙のため、「消防法違反」の始末書を取られた苦い経験があった。すぐに、踊り場といわず階段の途中にもある紙や物を、とにかく部屋の中に入れた。

数日待てども消防署員は来ない。それどころか数週間も経った。

当時は、印刷工の採用難の時代で、その数週間前にも読売新聞に印刷工の募集を出していた。採用した見習い工は聾唖者だったが、数週間でどうやら慣れて仲間で歓迎会を催した。席上、彼は、「面接の朝、会社の所在地が分からずに四谷消防署で聞いた」と筆談した。

人騒がせな見習い工は、行き違いで悶着もあったが、数年は働いて一人前になって退社した。

台数計算

「軽印刷業」とは、発注先の事務部門の一部を委託されているようなものである。

原稿を預かって、活字にして印刷して製本をして届ける。全工程を社内で済ませることもあるが、製本は簡単なもの以外は近くの製本屋に依頼する。職人が数人いる会社もあり、家内工業にちかい製本屋もある。

製本代金の基礎計算は「台数計算」といい、一枚の紙が一台に数えられて、その単位は円の一〇分の一の「銭」で、この計算方法は五〇数年後の今も変わらない。製本の基本である「丁合《ちょうあい》」の一回が一台で、丁合機の普及していないその頃は、「紙を一回手で摘み取る」のが一台になり、ほぼ三〇銭とか四〇銭で計算される。

夜遅く刷り上がったものを家内工業の製本屋に運び込むと、朝一番に出来上がって梱包されていた。「手で摘み取る回数」が五〇〇〇回でも、勘定はしれていた。手仕事の製本職人には、早さで勝負する以外の方法はなかった。

軽印刷の最終行程である製本は、値上げ陳情も最終になるのが常だった。

そういう製本業でも、その頃から始まったバブル経済の需要にのって、新型の製本機を導入して「大台」と言われる大型印刷機で印刷した用紙の製本を請け負って発展した工場もある。台数計算の単位は、掛け算で大きく膨れ上がってはじめて生きてくる単位なのである。

コントロール・タワーと氏《ウジ》と丸さんと小椋のおじさん

原稿の書き手によって癖のある字・文章を判読する三栄社の社員の優れた判読力が、発注者に対して自慢であった。

そういう実力を持って三栄社の中心にいたのは、細い、ひょろひょろした川上庄之助さんである。秋さんと双璧の最古参で、顧客の中では「川上・秋田の三栄社」という人もいた。川上さんは、自らコントロール・タワーと命名して、漢字の判読ばかりでなく、顧客のあらゆる要望を正確に聞きとっていた。

常識的で律儀な川上さんが、在職中に驚いた回数は数えたら切りがないだろう。

四谷第六小学校の一年一組に一年間在籍した同級生の岡田君が、四谷二中を卒業して三栄社に就職してきたのは、昭和三〇年のことである。病弱な大工の長男で、鼻をクシュクシュさせる痩せた男の子を父親は可愛がった。「岡チン」の渾名を、時代劇がかって「岡田氏《うじ》！」と呼び、さらに省略して「ウジ」と呼んだのも父親だ。

器用なウジは秋さんと共に印刷のベテランになった。器用な若者には狭い会社は単調すぎたのだろう、一、二度、中抜けして、チンピラの社会に入って歌舞伎町のバーテンダーにもなったが再び戻ってきた。

ウジの父親が亡くなって通夜に行った川上さんは、ウジの隣に座っている「嫁さん」の顔を見て驚愕した。数年前に退社したタイピストだったのだ。しかも、最初の婦人はハワイの美女だったというから、ウジは本当に器用な男であった。器用な男は、身嗜《みだしな》みも抜かりなく、身体的にも繊細な感覚があったのだろう、省線電車の箱の端は揺れが大きいといって、必ず中程のドアから乗車していた。肺活量が多くマラソンの強かったウジも、高血圧からバス停で倒れ、集中治療室の一週間を元タイピストの奥さんに付き添われて、五〇歳半ばで帰らぬ人となった。

丸さんは、名前の丸山峯勇の「勇」の字が、「父親が登記する時に『男』を『勇』と間違えてそのままになった」ので「役所なんていいかげんなものだ」といって、それを社会不信の根拠の一つにしていた。ジョージ・チャキリスばりのハンサムは、本をよく読み物事を徹底して考える男で、子どもの時に木登りから落ちて右手を切断していたが、職業訓練所で習得した製版技術で、版下に定規を置いて左手の烏口でいとも簡単に直線を引いた。

大酒飲みの丸さんを、「彼なら飲む資格がある」ように思えた。酒を美味そうに飲んで、まわりの会話に頷いている姿は絵になっていた。徹底して飲んでいたからアルコール依存症になっていた。

ある晩、四谷三丁目の地下鉄の階段で、階段の凸凹に逆らわずに寝ているところを母親が見つけた。胃癌が進行して蕎麦も喉を通りにくくなっても、出社していた。

丸さんと秋さんは、盆暮れになると互いにウイスキーを送りあった。家庭内で買い難いための自衛策で、相互扶助だといっていたが、秋さんの奥さんに咎められて止めた。新原町田へ帰宅する丸さんが、乗り越して終点の小田原で目を覚まして歩いていると、同様に乗り越した秋さんがホームを歩いていたという。

若者が入社して、川上さんが酒を飲まない（飲めない）のに、驚いて、「印刷屋の癖に酒を飲まないいんですか？」と言った。川上さんは驚いたり感心したりした。

戦前の台本作りと学生のノート作りが、戦後の謄写印刷の基盤になったが、台本作りは戦後も生きた。売却した奥の二階家は、持主の法人から、偶然に左門町の「文学座」の竜岡晋さんに替わって、元よりその気のある印刷屋だから、文学座の脚本も、六本木の「俳優座」の脚本も引き受けた。

後年、原稿と校正を運ぶだけのお使いさんで雇われた小椋のおじさんが、以前に「弁当屋」にいた時分に、劇場の楽屋に弁当を売り歩いたと言って、文学座に行くと「北村さんにあったよ」「杉村さんにこれもらったよ」と言って、肩で風を切って帰って来た。白いズボンと白いパンプスが自慢の、身綺麗を売り物にしていた小椋のおじさんは、戦後を名古屋駅構内で過ごした天涯孤独の戦争未亡夫であった。

小椋のおじさんは、川上さんがメッセンジャーボーイの必要性を母親に陳情して面談した社員である。シルバー雇用の先駆けであったかもしれない。

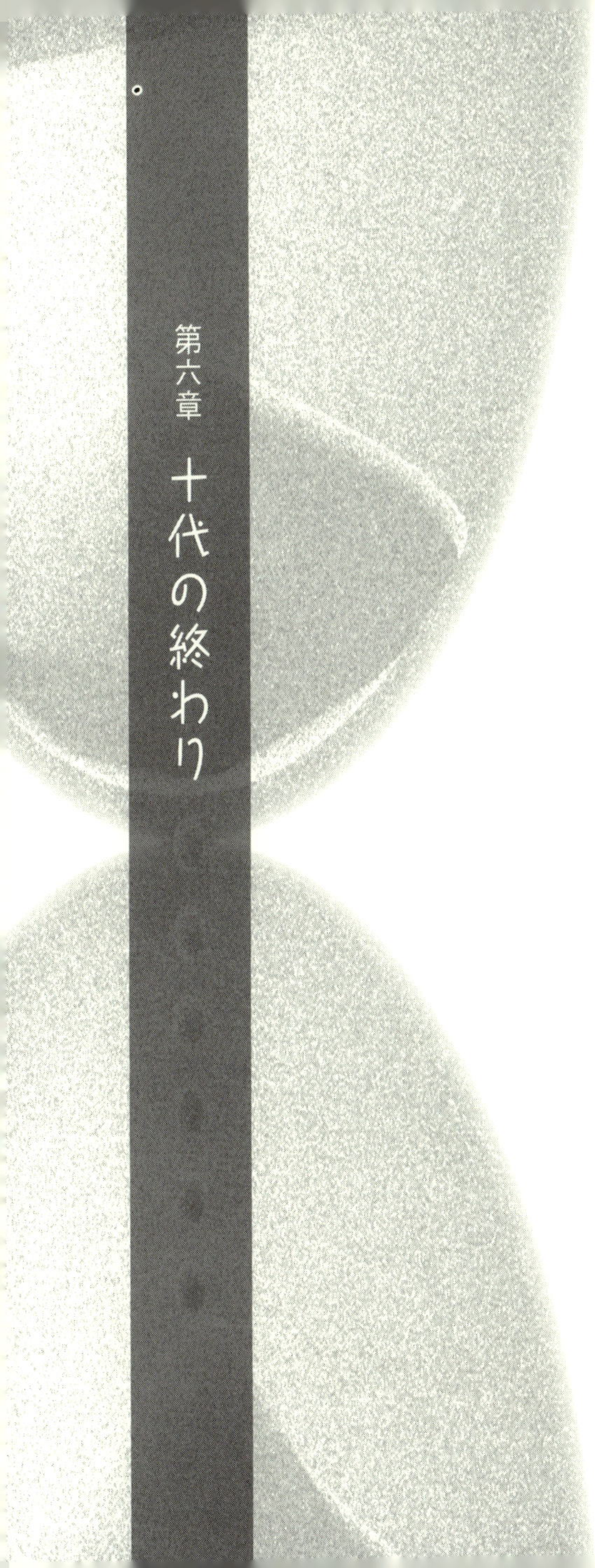

第六章　十代の終わり

一人旅

昭和三五年の夏、会津若松から磐越西線を五泉に向かった。初めての一人旅は、大人によって繰り返された想い出の地を行く。車中の老人達の、日焼けした皺の襞から零れ出てくる言葉はまるで外国語だ。電化された列車も、客車の中は昔の光景そのままのようだ。

疎開先の家主・金子勤次郎氏は「カネキンメリヤス」を起こして地場産業として成功していた。その日は、不意に若い男が店に入ってきたので、鼻眼鏡にして上目使いにこちらを見ると、「〇〇さんかえ?」。東京の問屋からの若い衆だと思ったのだ。

勤次郎さんは私の成長ぶりを見て、戦後十数年の歳月を回顧した。若者の思いつくままの話に「そういうの?　そういうの?」を繰り返した。五泉から支線で三〇分の村松の料亭で鯉料理の接待を受けた。大人になった（?）学生は、上機嫌で盛んに頷く勤次郎さんの笑顔に、成功した商人の自信を見た。

五泉から新津を経て第一の疎開地、新潟へ。

沼垂は新潟駅の北側の辺りで、厄介になった垣原さんの長兄が新潟駅に勤めているはずだから駅の窓口で聞くと、すぐに自宅が判った。短期間の疎開の想い出やら、たぶん架空の想い出やら、懐かしき新潟ムードに浸る。

蒸し暑い夏の夜、日本間に布団が並んで部屋一杯の蚊帳がかけられた。昼間の昔話を夢枕に一番端の布団に入るが寝つけない。親切にしてくれた二〇代の妹さんが向こう端の布団に入った。

新潟美人は色白で険がなく自然に美しい。向こう端の美女が間隔を置いて寝返りを打つのがわかる。

旅愁に憧れが交差して、自分も寝返りを打ちながら布団の温もりからさらに体の火照りを感じた覚えがある。

二人のアーティスト

私にとってかけがえのないアーティストは二人いる。お二人とも須賀神社のごく近くにお住まいだった。

昭和二七年、須賀神社の公園に、オールバックの男性が、当時は珍しいコッカースパニエルをひいて散歩をしていた。その芸術家の風貌に魅せられた母親は、その人がクラシック・ギタリストだと知ると、三歳から自分でレコードをかけて踊っていたのに楽器を習う機会のなかった私を入門させた。

親戚からもらった小型のギターの背板には穴があいていた。ギターの音は子どもには地味で、奏法も難しく、ろくに練習もせずに近所だから通っていた。レッスンの帰りに、ギターも遊びも巧い将来のアントニオ古賀君が、表通りの「満留賀」でたぬき蕎麦をおごってくれた方が記憶にある。

初舞台は信濃町の東医健保険会館で、半ズボンの足を組んで、アントニオ君の伴奏で「スワニー河」の単旋律を弾いた。三年目の「フェステ・ラリアネ」のトレモロで開眼（?）したギターを受験勉強のため断念したが、時が経っても受験勉強は始まらず、大学受験を前にギターに回避して夢中になった。

「アルハンブラの想い出」を練習していると、先生のお姑さんが「保っちゃんかと思ったよ」と言って褒めてくれた。阿部保夫先生は、代稽古からリサイタル、酒の飲み方から仲人までお世話になった恩師である。

阿部先生は、昭和三一年、日本のギタリストとして初めて、アンドレス・セゴヴィアの許へ留学した。めったに海外に行かれないその時分、羽田空港で大勢の門下生が手を振った。昭和四〇年にＮＨＫテレビの「ギター教室」が始まると、講師に選ばれて、ギターが誰よりも似合う容姿で演奏する、モーツァルトの歌劇「魔笛」のテーマ・ソングで人気になった。「(その音を)強調する」が「チョウチョウする」に聞こえる独特の宮城弁が魅力に花を添えていた。

先生の持論は「ギターには種も仕掛けもない」。そのとおり、ギターは指先で弦を弾くだけなのだ。

先生は、戦争中を海軍主計で要領良く過ごして、復員してから少しの間四谷税務署に勤務したことがあった。ある時、「須賀町の中川か?」と思い当たると言った。「四谷の赤ボス」に気づいて、「あんたのおやじの共産党は正しいけれども……」と、共産党を尻下がりで発音して「世の中はそうはいかない」とも言った。

女段を下りた所に、漫才の桜川ぴん助・美代鶴師匠のお宅があった。大学の落研時代に、お囃子の太鼓をお借りして、素人落語も聞いていただき、木馬亭の楽屋からご贔屓の座敷までお供をさせていただいた。多くのお弟子さんがいて「今、人気のあるトップ・ライトだって、家の二階に二夫婦で居候してたんだよ。夫婦ずつ交代で風呂へ行って、その隙にいいことしてたんだよ」と、学生の私に言った。

ある晩、ギターの代稽古の後、同僚と一杯やって先生宅を出ると、両師匠の乗車したタクシーが、男段の下から女段の方へ向かうところ、いい心持ちで「師匠!」と声をかけると、「遊びにおいで」、少しおいて「今日じゃないよ!」。酔っ払いの若者に、師匠が予防線を張った。

幇間で名を成しているぴん助師匠のお宅の物干しには、赤や青のステテコの洗濯物がなびいていて、一年中、鯉のぼりの季節のようだ。「かっぽれ道場」の立派な稽古場に、総理大臣経験者の揮毫の額がかかっている。その筋のお座敷も多いに違いない。

その、ぴん助師匠が、地元の区議会議員選挙で、前述の日本共産党・渡辺保之議員の選挙演説会に応援演説を買って出た。

「景気が悪いから大変だよ、こないだ、パンの工場へ行ったら、アンパンのへそを作る機械が買えない……仕方がないから、中学出たばっかりの男の子を並ばして、出べソに押してやってる……ドーナツの穴はってえと、もっと下のほうで……隣の工場へ行ったら、餃子を作る機械が買えない……仕方がないから女の子を並ばして……」。

芸とは、人の気持ちを和らげて余韻のあるものだ。

往診の平岡先生

父親の病状の平穏な時は、三栄町の開業医の平岡斧介先生が往診に来た。

平岡先生は、斧介という名前からは想像し難い、れっきとした東大出の医者で、小柄な、文豪・志賀直哉を優しくしたような風貌をしていた。往診の内容はいつも、陽気の挨拶からまず聴診器を当てて、手首を押さえて脈拍を測り、喉の奥を、頭に被ったバンドで押さえてある丸い鏡で懐中電灯の明かりを反射させて覗き、両方の親指で父親の両眼のアカンベーをして、検温がすむと、用意された洗面器のぬるま湯に手を入れて、脇にある白いタオルで手を拭いながら、又、世間話をつづける、という実に平和なものだった。

温厚な平岡先生の形ばかりの（失礼！）往診だから、家族の気持ちも落ち着いた。事実、私は平岡先生が大好きで、子どものいない先生に医者の養子ができて、うれしそうに連れてきたが、風貌の異なる若先生では役者不足のように不満を感じたものだ。

平岡先生は四谷一中の校医だった。後年になって、校医の報酬は、生徒数×単価だと聞いたが、四谷一中を卒業するときの三年生の数は四一八名だったから、四百の三倍×一人頭の検診料金はかなりのものだった（?）と思えるから、斧介先生はにこにこしていた訳だ。

昭和三七年の秋、具合の悪くなった父親に、平岡先生が病院に行くように指示して、結局、父親はY病院から戻れず、往診もそれが最後であったから、先生は、やはり温厚なだけの先生ではなかったのだ。

父親の死

その頃は、父親はアパートに離れのように隣接している一階の洋間に寝起きして、二〇歳になった私はその二階の洋間に居た。大学には入ったものの、高校の三年間で染みついている「休み癖」が直らず、辛うじて通学する理由は落語研究会の集まりであった。その「落ッ《ラ》ケン」の友人と大声で談笑していると、階下から何度も大声が聞こえた。父親が「うるせえ！」っと、怒鳴っていたのだ。結核菌がいよいよ頭にまわった父親は、頭痛を訴えて止まらなくなっていた。

翌日Y病院に入院した父親に、婚約直前だった姉がフィアンセを伴って枕元で結納の一式を見せた。母親は「確かに頷いた」といい、周りの人も全員で頷いた。知人縁者の面会が続いて一週間の後に逝去した。五三歳まで生きた驚異的な「肺病の生き残り」であった。

宗教の嫌いな父親は念仏を拒否していたが、現実にはそうはいかないものだ。母親にとって幸いなことに、父親は菩提寺の和尚とウマが合っていたから、住職の唱えるお経ならば拒否はしないであろうと、寺で立派な葬儀をした。住職は父親に理解があったから、寺に赤旗がなびいた。

病気を理由に休党勧告を受けた時に、「共産党員を辞めるくらいなら死んだ方がましだ」と言った父親の姿勢は一貫していたから、「四谷のパパ」の死に心から涙した人も多く、弔問客は四〇〇名を超えた。

棺の前でギターを弾いた。ミゲル・リョベート編曲のカタロニア民謡「アメリアの誓い」の甘美な旋律が、秘めた熱血漢の心を安らかにしただろうか。

父親の実兄は、父親とはむしろ正反対の検察庁の要職についていた。刑事の専門家で探偵小説の翻訳もある幅の広い考えの持ち主であったから、実弟のことを「あのように純粋に生きることはなかなかむずかしい」と言って容認していた。別の家庭に育ったとはいえ、やんちゃな弟を柔和な兄の眼差しで見ていたところがあった。

実兄も父親も戦地に動員されることはなかったが、実弟は、終戦後の七年間をロシアの抑留生活で過ごした。復員して舞鶴港から東京駅に着いた実弟が「鋭い眼で固い握手を求めてきた」といって、父親は心底から喜んでいだ。国鉄に復職した実弟は業界のリーダー格の一人として全うしたが、父親は、実弟の秘めた思想を疑うことはなかった。

葬儀から数ヶ月後、学生時代の同志・K検事が自宅に来た。無二の同志であったKさんは「三鷹事件」の担当検事になって、父親の激怒を買っていた。ママは、本人がいないから安心（？・）と弔問を受けて、「やっぱり見えた」とつぶやいた。

折から、二年後の「東京オリンピック」の開催のため、「首都高速道路」の建設が始まっていた。信濃町駅の脇を通る首都高速道路のため、菩提寺の林光寺の墓地が敷地内で引越しをすることになった。区画整理が終了すると、こじんまりとした墓に番号が付いた。

父親は「への一番」に眠っている。

あとがき

「東京・四谷ラプソディー」は、幼児から二十歳までの経過だからなんとか一冊の本の分量には達するだろうと始めてみたが、五十の手習いでは力不足で、這々の体でいると喜寿も過ぎて、ついに古稀になった。

母親が残した思い出の記によると、ラプソディーどころではない生き死にの毎日だったから、「あなたは愉快しか知らないはずよ。そうやって育てたのよ」と言われるに違いない。思い出が愉快になったもう一つの理由は、出来事を愉快にしないといられない父親譲りの、ある種の気の弱さからくるのかもしれない。

文中、登場願った方々の表記に、本名、綽名、屋号、略称（アルファベット）が混載しているのは、ノンフィクションを全うする他に、他意はございません。

尚、生家と貸家は、昭和一二年から六四年後の平成一三年二月、次世代同士で底地と家屋を売買して賃貸関係に終止符が打たれ、今も都心の故郷を維持している。

斯様な快談本の出版を快くお引き受けいただいた同時代社の川上徹氏、うれしい文章を頂戴した惣川修氏、文に比して格調の高い表紙・挿絵を描いていただいた濱田三彦氏、「東京・四谷ラプソディー」と名付けていただいた小原耕一氏、快く校閲をお引き受けいただいた森井千恵子さんに深謝いたします。

帯に一筆いただいた故北村和夫先生に謹んでご報告申し上げます。

二〇一二年初春

中川　滋

空気に生かされていた

軽い気分で楽しく読ませて頂こうと、ゲラズリを開いて活字を追っている内に、横になっていた姿勢を起こさないと読み進めなくなりました。

いやいや、大変な労作で、昔の記憶を懐かしげに記するのとは正反対の、今の現在のとても論じにくいが重要な課題を、かつて確かに在った事象への照射の仕方で浮かび上がらせるという、困難な力技に引き込まれていたのであります。

だから、読んでいて、他人事の気がしません。もちろん、育った環境や体験で違うだろうというところがないとは言えませんが、おそらく、若い人、小学生が読んでも、懐かしい感じを持つに違いないと思われるところまで、精選して、なにげない風に書かれてあります。

著者は、自分の美感覚にできるだけ誠実に、正直に、もしくは頑固に、構成と整理をされたのでしょうが、その美意識の中に、現代の日本社会が、知らず知らずのうちに捨てるともなく失ってきてしまったものをどうしても必要だという渇望と問題意識があったのだと推察します。

　日本という島国の、それぞれの村と町の中で、営々と培われてきた暮らし方の原型の持つリズム、雰囲気、適正規模感覚、などなどが、あっちからもこっちからも壊され、消され、破片やカケラに成って残っており、次の収まり場所が無いではないかという疑問とそれが呼吸する場が無いことによる呼吸困難状態……。

「個」だけを基準にして成り立たせようと画策している今の社会。経済優位にして、新興住宅信仰に身も心も充満された社会の何処に、こういう吾らの生きる場所があるというのだ！　おまえら、そんな薄っぺらで良いのか！てなことを書き始めると果てしが無い。

　そんな気分におちいった時は、「東京・四谷ラプソディー」を開いて文字面を追いましょう。根がやわらかくなって、あったまってきますよ。

惣川　修（映像作家・水職人）

著者略歴

中川　滋（なかがわ・しげる）

1941（昭和16）年11月、東京・四谷生まれ。

11歳よりギターを故阿部保夫氏に師事。日本ギタリスト協会員。

朗読を故北村和夫氏に師事。「北村塾」代表幹事。

趣味：落語

東京・四谷ラプソディー――路地は子どもの天下

2012年5月18日　初版第1刷発行

著　者	中川　滋
発行者	高井　隆
発行所	㈱同時代社
	〒101-0065　東京都千代田区西神田2-7-6 川合ビル
	電話 03-3261-3149　FAX 03-3261-3237
制　作	い　り　す
装　幀	クリエイティブ・コンセプト
印刷・製本	モリモト印刷株式会社

ISBN978-4-88683-721-9